改訂新版

体育・スポーツ教本

日本大学工学部体育学研究室編

Physical education
Sports

アイ・ケイ コーポレーション

はじめに

近年はモータリゼーションやITの急速な発達により，移動時間の短縮や24時間どこからでも情報の検索が可能な社会となり，生活全般が飛躍的に便利になってきた。それに伴って日常生活のなかでからだを動かすことや運動する機会も減ってきている。身体活動が減少することは，生体に対する負荷レベルの低下や消費エネルギーの減少をきたし，体力の低下や肥満をはじめとする生活習慣病を誘引することは知られている。特に体力の低下は文部科学省が長年にわたり実施している体力測定からも明らかであり，いかにして体力を維持・向上させるかは青少年をはじめ国民全体の問題として提起されている。

健康で活力ある生活を送るためには，その基となる行動体力や防衛体力を日頃から高めることが必要である。そのためには発育発達に合った運動種目や運動量などを適切に処方することが大切である。その意味において大学生の時期は身体成長の完成期でもあり，旺盛な知識欲と相まって体力を高めることや，生涯スポーツにつながる運動処方の知識を獲得することには最も適した時期といえる。

本書は，本学の体育・スポーツの授業で実施しているスポーツ種目の基本技術や基礎理論等を掲載したものである。授業時でもすぐに見開きして理解の手助けになるよう，文章を少なくし図表やイラストを多くして見やすいようにした。また，授業だけにかかわらず課外活動や自己のトレーニングにも利用していただければ幸いである。

2005年3月　　著者一同

目　次

1章　総　論　（担当：中野浩一）

2章　WEIGHT TRAINING　（担当：中野浩一）

3章　FITNESS　（担当：二瓶美智子）

4章　SOCCER　（担当：福川裕司）

5章　TENNIS　（担当：佐久間智央）

6章　GOLF　（担当：藤原光一郎）

7章　SOFTBALL　（担当：中野浩一）

8章　BASKETBALL　（担当：野﨑真代）

9章　TABLETENNIS　（担当：佐久間智央）

1章 総　論

担当：中野浩一

1　日本大学工学部における体育科目の目標

本学では，体育科目として，1年次に「体育・スポーツ」(実技，必修科目)と3年次に「健康・スポーツ概論」(講義，選択科目)が設置されている。すべての大学において体育科目が必修化されたのは，アジア・太平洋戦争の終結後，極端な国家主義や軍国主義の払拭を目指して，新制大学が発足してからである。しかし，1991(平成3)年，大学設置基準の大綱化より，他大学や日本大学の他学部において，体育科目が削除されたり，選択科目へと変更されたりしている。

したがって，今日まで，「体育・スポーツ」が必修科目として位置づけられていることは，工学部の特徴の一つとなっている。

工学部の『学部要覧』には，体育科目の目標が下記のように示されている。

「身体活動の楽しさを体験する中で，健康の保持増進と体力の向上，身体活動を通しての自己形成及び社会的スキルの獲得を目指します。授業における他者との関係づくりは，コミュニケーションスキルを高め，リーダーシップや協働力を養います。また，豊かなライフスタイルを確立するため，生涯スポーツに対する知識と運動文化の意義について理解することを目的として授業(実技・理論)を展開します。」

この理由は，体育科目が単にスポーツ技術を習得するために設置されているのではなく，学生生活や卒業後において，必要となる資質の育成を目的としているためである。学力や専門性は他者との差異を示す上で必要ではあるが，それを実社会で生かしていくためには，「健康・体力」や「自己形成」や「他者との関係づくり」が欠かせない。これらを欠いた場合，学力や専門性を生かす前に病死したり，伸ばす努力を欠いたり，他者の理解を得られなかったりするためである。

また，機械が発達した今日，重い物を持ち上げたり，細かい作業をする必要がなくなってきている。この社会的な構造の変化より，本人の意志とは関係なく，体力や技術が軽視されていたり，不足する事態が生じることとなる。この不足を補うため，今日，注目されているのがスポーツである。スポーツには大筋活動(だいきんかつどう)，すなわち胸・腹・背中・臀部・太腿など，体幹を使った活動となるものが多く，この場合，細かな調整を行う小筋群も使用されている。このように，体全体を使った活動となるスポーツには，生活習慣病の予防など，一生涯を通じて，「豊かなライフスタイルを確立」することが期待されている。

したがって，工学部における体育科目は，「身体活動の楽しさ」や「生涯スポーツに対する知識と運動文化の意義について理解すること」を通して，人間形成をしていく役割を担っているのである。

2 「体育」と「スポーツ」との相違

「体育」の英訳は，“physical education”とするのが一般的である。しかし，日本における「国民の祝日」の一つに「体育の日」があるが，この英訳は“Health - Sports Day”である。また，国民体育大会（通称，国体）などを主催する「日本体育協会」は，英名で“Japan Sports Association”である。このように，公的に「体育」の英訳として“sports”が用いられている。

したがって，日本では，「体育」と「スポーツ」とが同一のものと見なされ，区別されていないのである。

しかし，「体育」と「スポーツ」という言葉は，以下に述べるように起源を異にし，その概念を比較すると，本来，別のものである。

（1）「体育」について

「体育」は，明治時代から使われるようになった言葉で，日本人による造語である。漢字は中国で発明され，日本へは，一説によると紀元前3世紀（弥生時代）頃，伝わったといわれている。このように，日本における漢字の使用は古いが，江戸時代までは「体育」という言葉が存在しなかったのである。この言葉が明治時代以降，日本のアジアへの進出に伴い，中国など，漢字を使う国々へ普及していったのである。

日本で「体育」という言葉が生まれる経緯は，次の通りである。

江戸時代には鎖国政策より，西洋の知識がなるべく入らないように管理されていた。しかし，明治維新（1868年）以降，日本は他のアジア諸国に先んじ，西洋知識の移入を始めた。このとき，洋書の翻訳をするうえで，日本にはない，西洋由来の概念に対し，日本の言葉を与える必要性が生じた。例えば，“society”は，今日，英和辞書を見ると「社会」という訳語が与えられているが，当時の日本語に当てはまる言葉が存在しなかった。しかし，洋書の文脈から，「人とのつながり」や「人の集まり」を意味することは想像できたので，世の中や世間を意味する「社」と集まりを意味する「会」という漢字を合わせ，「社会」という訳語を当てたのである。

このように，西洋由来の概念を二字の熟語で示すのが一般的であった。

教育分野における洋書の場合，“education”を“intellectual, moral, physical”の三つに区分するものがほとんどであった。この三つの分野に区分する教育は，日本において「三育」と称されるようになるが，スイスの教育学者であるペスタロッチ（Pestalozzi,J.H.）に由来する。幕末から明治維新期に当たる1860年代は，アメリカにおいてペスタロッチ主義が普及しており，イギリスでは，スペンサー（Spencer,H.）が1861年に出した

“Education : intellectual, moral and physical”がベストセラーとなっていた。このため，それら三つの教育を「知育・徳育・体育」と翻訳する過程で，「体育」という言葉が生まれたのである。

ペスタロッチの述べる身体教育は，その内容が幅広く，多義的な概念であったことが明らかとなっている。例えば，ペスタロッチの場合，運動や衣食住の衛生による身体の育成に止まらず，その育成を通して，子どもたちの知・徳の育成をも目指している。したがって，今日，盛んに主張されている「食育」も，健全な心身を培い，豊かな人間性を育むことを目的としているので，ペスタロッチの身体教育に含まれているといえる。また，運動やその技術に関しては，体操やスケートなど，今日のスポーツに通じる運動の他，感覚器官を通しての数・形・語の学習，描画などの図画，手工や農作業の技術，食事や洗濯や縫い物などの家事，語学や唱歌などの発声術も身体教育として考えられている。今日の教科目でいうと，全ての教科目に身体教育が関わってくるのである。

今日の「体育」は，「運動を手段とした教育」もしくは「スポーツ」を意味するので，ペスタロッチの身体教育よりも手段的に狭い概念となっている。

(2) 「スポーツ」について

「スポーツ」とカタカナ表記されるのが一般化するのは，大正時代に入ってからである。それまでは，訳語として「遊戯」などが用いられていた。例えば，日本で最初の運動会といわれている「競闘遊戯会」が行われたのは，1874(明治7)年であるが，その欧文名称は“Athletic Sports”である。

“sports”の語源は，ラテン語の“dēportāre”（デーポルターレ）といわれている。その意味は，「運び去る，運搬する，追放する」であり，その後，悲しみや日常の煩わしさから，「気持ちをそらす」や「気晴らし」に推移していく。したがって，“sports”は，身体活動や闘争という要素を不可欠とする言葉ではなく，本来，娯楽一般を意味する言葉である。このため，トランプ・ゲームのブリッジ，ボード・ゲームのチェスなどは，国際オリンピック委員会の承認競技となっており，アジア競技大会ではシャンチー(中国象棋)や囲碁が行われている。これらのスポーツは，特に，マインドスポーツ(mind sports)とも称される。日本では花札(はなふだ)や将棋をスポーツとする認識が薄いことから，世界の認識とは隔たりがある。

結局，スポーツは，英語辞書に“play and game”と示されているように，娯楽一般を意味するが，自然・動物・人間と技を競い合う“play and Game”であり，この場合，人間にとって，安全に配慮されたルールを必要不可欠とする。例えば，ボクシングはただの殴り合いではなく，グローブをはめたり，倒れて10秒以内に立ち上がれない場合，勝敗が決まるなど，ルールが定められている。しかし，自然環境の利用による汚染・破壊やハンティングによる動物の殺傷など，自然・動物への配慮が欠ける場合があり，今後の課題といえる。

以上のように，「体育」と「スポーツ」とは，活発な身体活動を伴う部分がある点で，共通している。しかし，例えば，教科目である「図画工作科・家庭科」とボード・ゲームである「チェス」とを比較した場合，その相違は明確である。

したがって，「体育」と「スポーツ」とは同じものではなく，「体育」という教科目の一手段として，活発な運動を伴う種類の「スポーツ」が用いられているのである。

3　日本大学工学部における体育科目の特色

高等学校までは，学習指導要領により，教育課程の基準が定められている。このため，高等学校では，地方の特性を生かすなど，ある程度の特殊性は認められているものの，基準に沿って，全国的に内容の偏りができないようになっている。しかし，大学では，各教員の研究成果に基づく専門性が生かせる制度となっている。このため，大学教員の専門性により，特色のある授業が展開される。例えば，本書では「ニュー・スポーツ」（例えば，SOFTBALL内の「３匹の猫」，「Ｔ（ティー）・ボール」）や「障がい者スポーツ」（例えば，SOFTBALL内の「グランドソフトボール」）が取り上げられているが，これらは，既存のスポーツを超える，新たな可能性を秘めている。

（1） ニュー・スポーツ（new sports）

「チャンピオンシップ・スポーツ」や「競技スポーツ」のように，生活のほとんどを競技のために費やすなど，一部のエリートを中心とした考え方に対し，自分の生活を維持しながら，余暇としてスポーツを楽しみたいという考え方が生み出されてきた。その一例が「レクリエーション・スポーツ」や「生涯スポーツ」である。これらは，既存のスポーツをプレーヤーのレベルに合わせ，簡易に行えるよう，工夫・改良がなされるため，新しいスポーツ文化が形成されていった。この流れをくむのが「ニュー・スポーツ」である。しかし，明治時代初期，来日した欧米人が行っていた「ラクロス」を含むなど，「ニュー・スポーツ」は，必ずしも新しく考案されたスポーツを意味しない。結局，「ニュー・スポーツ」は，オリンピックなど，大きな大会では採用されていない競技の総称ともいえる。

しかし，名称に「ニュー」（新しい）を冠するように，「ニュー・スポーツ」には，これまでにはない，新たな試みが認められる。例えば，「アルティメット」（フリスビー競技）は，バスケットボールとアメリカンフットボールを足した競技といえるが，審判を設けず，ファール（不正行為）か否かの判断を選手各自で行う競技である。判断が相違した場合は，当事者で協議し，納得した上で競技が再開される。スポーツにおいて，審判という制度は最初から存在したのではなく，絶えないトラブルを防ぐ目的で後から確立された。したがって，この制度は，試合の進行をスムーズにするなど，便利であり，合理的といえる。しかし，その確立によって失われたものが「お互いを尊重する心」と考え，その心を取り戻そうと，審判なしでプレーするのが「アルティメット」なのである。

科学が発達し，合理化が進む世の中で，失われていくものはないかを考察することは，今後，重要となっていく。

このように，「ニュー・スポーツ」には，既存のスポーツに対するアンチテーゼが含まれているのである。

(2) 障がい者スポーツ (adapted sports)

「障害」が一般的であるが，本書では「障がい」と表記している。この理由は，「害」が否定的な意味合いをもっており，一人の人間を見る目として，不適切と考えられるためである。古くは「障碍」(ものごとの達成や進行のさまたげ，例えば，陸上競技のハードルなど)を用いた場合もあり，今日，先の理由より，この表記も復活し始めている。

最初，多様な障がいをもつ人々のために，リハビリの一環としてスポーツが取り入れられていた。しかし，欧文名に「アダプテッド」(適応させた)を冠するように，各種の障がいに応じたスポーツが考案されるようになり，パラリンピック大会が開かれるなど，新たなスポーツ文化として認められるようになった。

不慮の事故により，腕を失ったり，車いす生活となるなど，「障がい者」となる可能性は誰にでもある。この場合，今まで簡単にできていたことが難しくなったり，人の目が気になり，人前に出づらくなるのが一般的である。しかし，障がい者スポーツで活躍する人たちは，障がいに立ち向かい，人前に出ることを苦にしない，前向きな姿勢をもっているのである。

したがって，授業において，障がい者スポーツを体験したり，その様子をビデオ鑑賞することで，「前向きな姿勢」を学びとれるのである。

本書は，本学の体育教員が自身の専門性を生かし，各項目を記述している。したがって，ぜひ，関心のある部分だけでなく，本書の全体に目を通してほしい。高等学校までの体育科目にはなかった，新たな発見があるはずである。

本学の体育館（開校式を行った所）は本来，「７号館」という名称である。

最初，１階は，学生食堂だったが，50周年記念館（ハットNE（エヌ・イー））の竣工に伴い，「多目的ホール」となった。

屋根も三角屋根から現在のかまぼこ型へ改築した。バレーボールなど，球技を行うとき，照明にボールが当たってしまうため，屋根を高くする必要があったからである。

三角屋根は，本学のプール（50号館武道場の隣）の屋根として再利用されている。

三角屋根の頃の体育館
『工学部50年のあゆみ』より

現在の体育館
（新幹線から見える側）
＊大学名の下に三角屋根の痕跡が残っている。

現在のプール
（日大東北高校から見える側）

2章 WEIGHT TRAINING

担当：中野浩一

1 小 史

ウエイトトレーニングは，バーベルなどの重量物や自重(自身の重さ)などを用い，筋肉に負荷をかけてからだを鍛える筋力トレーニングのことをいう。

古くは古代ギリシャにおいて，力比べをする際に使用された石が残っている。パルテノン神殿のような石の建造物を作成するには，単純な機械はあったものの，人間自身の力量が大きく問われるため，余暇においても力比べが盛んに行われていたと考えられる。

日本でも，最古の歴史書といわれる『古事記』に「建御名方神(たけみなかたのかみ)」が「千引石(ちびきのいわ)」を両手で抱え上げげながら登場し，力比べを申し出る逸話が記載されている。今日，力比べをする際に用いられる石は，「力石(ちからいし)」と総称されているが，北は北海道から南は沖縄まで，日本全国で行われていた。16世紀に作成され，織田信長が上杉謙信に贈ったとされる「上杉本洛中洛外図屏風」（1995年国宝指定)には，力石を持ち上げている様子が描かれている。労働の機械化や娯楽の増加によって力石は衰退するが，福島県の場合，須賀川市の莟船神社で毎年11月3日に「太郎石(約100kg)」と「次郎石(約30kg)」の持ち上げ大会が開催されている。

また，ウエイトリフティング(重量上げ)競技は，第1回の近代オリンピック(アテネ大会，1896年)から正式種目として採用され，今日に至っている。

近代的なトレーニング方法であるウエイトトレーニングを日本に紹介したのは，講道館柔道を創設した嘉納治五郎である。嘉納は，イギリスで流行していたユージン・サンドウ(Eugen Sandow，1867-1925年)の鉄アレイによる訓練を講道館に取り入れ，さらに日本に普及させるべく，1900(明治33)年に『サンダ(ママ)ウ体力養成法』を出版させる。当時は，学校の授業においてアレイを使用しての体操が行われていたが，一般の生徒を対象に健康目的として行われていたため，木製のアレイであった。

工学部のトレーニング室は，現在，体育館(7号館)1階にあるが，最初は武道場(50号館)2階(現，女子更衣室)にあった。体育館1階には最初，更生施設として，食堂，軽食喫茶部，書籍部，理髪部，時計・メガネ部，靴修理室があった。しかし，ハットNE(62号館，50周年記念館)が建設されるなどで更生施設が移動したことにより，トレーニング室を武道場から体育館1階へ移動し，今日に至っている。

2　トレーニングの原則

効果的にトレーニングを行うには，一般的に下記の7つの原則に従う必要がある。

(1)　オーバーロード（過負荷）の原則

楽な負荷で行っても意味はなく，ある程度きつい負荷でないと効果は得られない。このため，既にもっている能力を刺激できる負荷が必要となる。

(2)　漸進性の原則

同じ負荷でトレーニングを続けていると，効果が現れなくなるため，体力の向上に従い，負荷も徐々に上げていく必要がある。

(3)　全面性の原則

偏りなく，身体の全面でバランスよく鍛える必要がある。また，筋力，持久力，瞬発力，敏捷性，平衡性，柔軟性など，諸要素のバランスを考える必要もある。

(4)　反復性（可逆性・継続性）の原則

効果を得るためにはトレーニングを繰り返し行わなければならない。得られた効果はトレーニングを止めることで失われ，トレーニング期間が短い程，効果は早く消失する。このため，継続することが重要であるが，休息や疲労回復を伴った習慣形成を心がける必要もある。

(5)　意識性（自覚性）の原則

なぜその部位を鍛えているのか，などの意識をもって行うことで効果が増す。また，やらされるトレーニングではなく，自らの意志で行う必要がある。

(6)　個別性の原則

体力には個人差があるので，年齢・性別・体力水準などに応じて負荷を決める必要がある。

(7)　特異性の原則

健康目的(体力の保持増進，ダイエット)なのか競技力の向上なのかなど，目的によってトレーニング内容が異なってくる。例えば，競技力向上の場合，競技種目の特性も考慮する必要がある。

3　ウォーミングアップ

(1)　動的ストレッチ（Dynamic Stretching）

スポーツやトレーニング前に，競技動作に近い動きを伴いながら筋肉を伸ばすことで，筋温・体温の上昇を高め，関節可動域の拡大を図り，けがの予防や競技動作をスムーズにすることを目的とする。プロテニスプレーヤーのノバク・ジョコビッチ(Novak Djokovic)選手が『ジョコビッチの生まれ変わる食事』（2015年，三五館）で紹介しており，近年，準備運動として盛んに行われている。

ジョコビッチ選手が紹介している下記の9項目は，YouTubeのサイトで多くの人々による実践例を確認することができる。

①ジャンピング・ジャックス（Jumping Jacks）
②ウォーキング・ハイ・ニーズ（Walking High Knees）
③ウォーキング・ハイ・キックス（Walking High Kicks）
④スクワット・スラスト（Squat Thrust）
⑤ランジ・ウィズ・サイドベンド（Lunge with Side Bend）
⑥リヴァース・ランジ・ウィズ・バックワード・リーチ（Reverse Lunge with Backward Reach）
⑦ロウ・サイド・トゥ・サイド・ランジ（Low Side to Side Lunge）
⑧インバーテッド・ハムストリング（Inverted Hamstring）
⑨インチワーム（Inch Worm）

(2)　静的ストレッチ（Static Stretching）

動的ストレッチが普及する以前には，「ストレッチ(Stretching)」といえば静的ストレッチを意味していた。「静的」とあるように，筋肉の伸張状態を10秒程度保持し，それ以上動かないようにして行う。運動後に蓄積した疲労物質を排出し，心身ともにリラックス効果が期待できるため，運動後は静的ストレッチを薦める場合もある。

4　筋力トレーニング時の呼吸法

重い物を持ち上げる際，呼吸を止めたまま行うと，急激に血圧が上がるなど，身体に悪影響を与える場合がある。このように，身体への負担を軽減するためにも，ゆっくりとした呼吸を伴いながらトレーニングを行なわなければならない。

呼吸法の基本は「力を込めるときに息を吐く」と「力を抜くときに息を吸う」ことである。

「吐き気」や「めまい」がするなど，体調の変調を感じた際は，トレーニングを中断するように心がける必要がある。

5　トレーニング室の設備

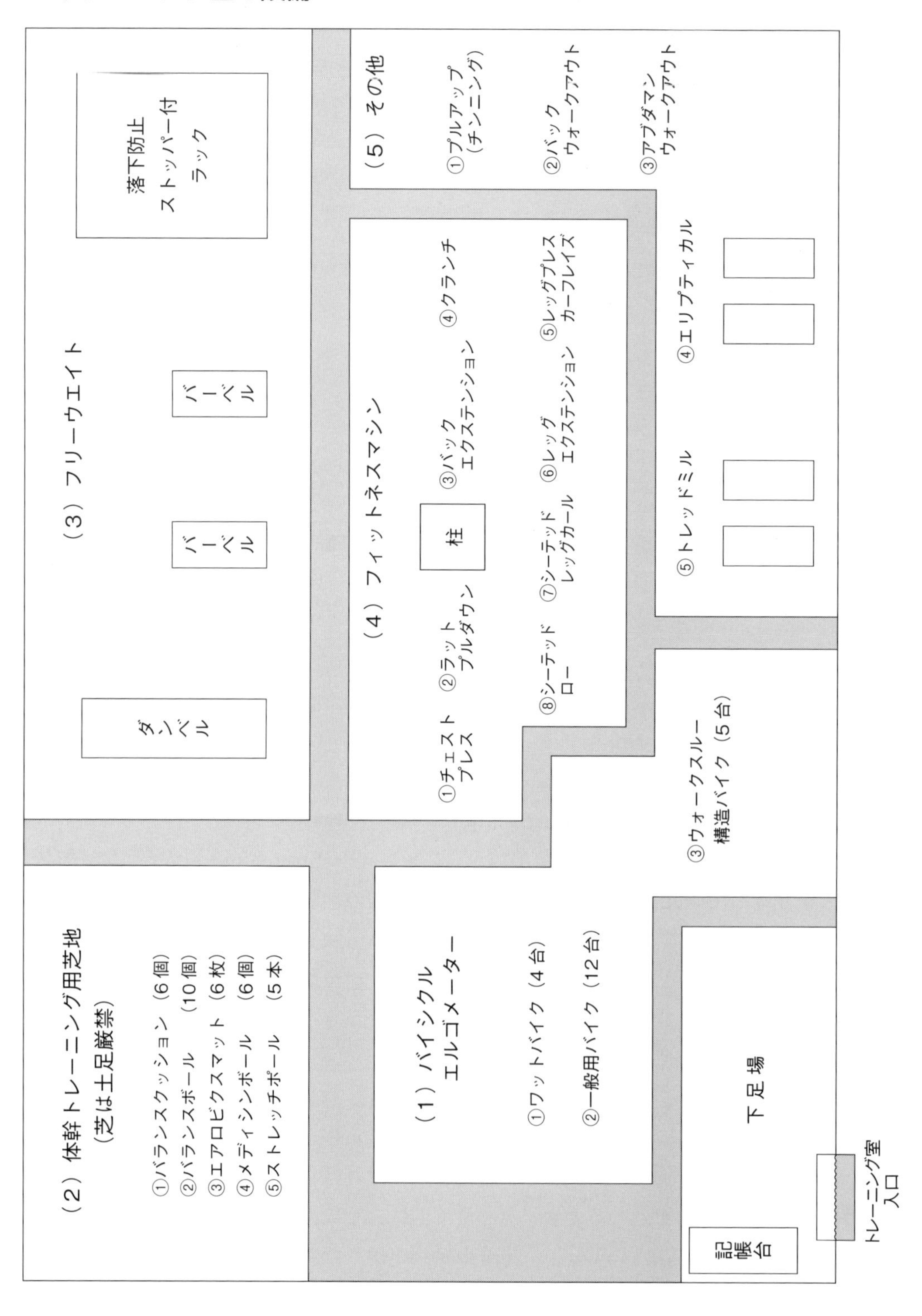

日大東北高校・人工芝グラウンド

6　入室時の注意

記帳台

●トレーニングルーム利用者台帳の各項目に記入する。

注］トレーニング中にけがをした際，入室記録が証拠の一つとなるので忘れないこと。

●体温測定器，消毒液があるので，必ず使用する。

●注意事項は更新されている場合があるので，毎回確認すること。

7　各種機器

(1)　バイシクル・エルゴメーター（Bicycle Ergometer）

有酸素運動をするための機器で「バイシクル（自転車）という名称の通り，自転車競技の動きをすることで，競技力の向上や健康増進の管理に役立つ。

①ワットバイク（Wattbike）：空気抵抗負荷を利用するシステムで，より実走に近い感覚でトレーニングができる。

②バイク（一般用）：一般的に普及している形式のバイク

③バイク（ウォークスルー構造）：自転車のようにまたぐ必要がなく，乗り降りしやすい構造のバイク

(2)　体幹トレーニング用芝地（芝は土足厳禁）

①写真の左上：バランスクッション
(Balance Cushion)

クッションの上に立つことで，バランスのトレーニングや体幹トレーニングとなる。別名としてバランスディスク(Balance Disc)，また，欧米では「よろよろするクッション」を意味するワブルクッション（Wobble Cushion）とも呼ばれている。

②写真の中央上：バランスボール（Balance Ball）

右の写真のように座るだけで体幹トレーニングとなるため，オフィスワークの際，椅子代わりに使用されたりする。

③写真の右端：エアロビクスマット(Aerobics Mat)

名称の通り、エアロビクスを使用する際のマット。市販されているものをみると，ヨガマット(Yoga Mat)，ストレッチマット(Stretch Mat)，エクササイズマット(Exercise Mat)などの名称があるので，さまざまな活用法が考えられる。

④写真の右下：メディシンボール(Medicine Ball)

リハビリ用に開発されたボールで，現在では筋力や瞬発力，柔軟性の向上，体幹トレーニングなど幅広い目的で使用されている。

⑤写真の左下：ストレッチポール(Stretch Pole)

一般的に猫背を矯正し，肩甲骨をほぐすために使用されている。使用法として，背骨に沿ってストレッチポールの上に仰向けに寝る。このことで，両肩が床方面に下がり，それに伴って自然と胸が張る姿勢になる。その他にも置き方を変えることで，さまざまなストレッチに活用できる。

(3) フリーウエイト (Free Weights)

ダンベルやバーベルを使ったトレーニングで，自由(フリー)に動かせるため，いろいろな動きに対応できる。ただし，落下などで，けがをする場合があるので，複数の人と一緒に利用すること。一番奥には落下の危険を回避する「ストッパー付きのラック」が設置されているので，こちらを使用することを勧めたい。

使用した器具は必ず元の位置に戻すこと。

特にバーベルの場合，重りのプレートをそのままにするとシャフト(支柱)が歪み，重心がとりにくくなるので，必ずプレートを取り外すこと。

(4) フィットネス・マシン (Fitness Machine)

各種のマシンに絵図で「鍛える部位」「トレーニングのポイント」と使用法(準備・スタート・フィニッシュ)が示されているので，けがの予防上，必ず確認すること。

＊＊＊＊＊　　＊＊＊＊＊

①チェストプレス
（Chest Press）

②ラットプルダウン
（Lat Pulldown）

③バックエクステンション
（Back Extension）

④クランチ
（Crunch）

＊＊＊＊＊　　＊＊＊＊＊

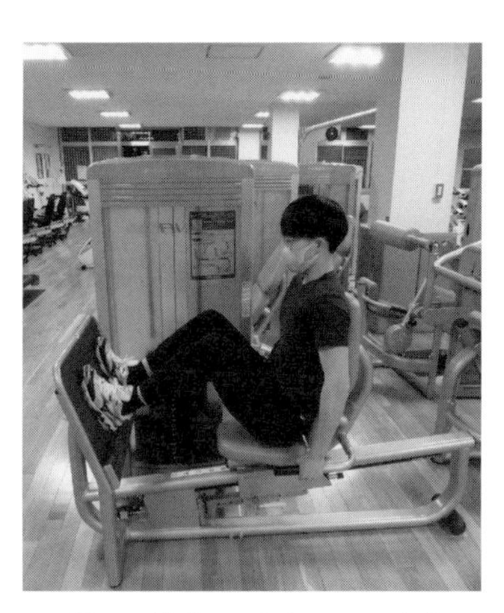

⑤レッグプレス＆カーフレイズ
(Leg Press and Calf Raise)

⑥レッグエクステンション
(Leg Extension)

⑦シーテッド・レッグカール
(Seated Leg Curl)

⑧シーテッド・ロー
(Seated Row)

(5) その他のフィットネス・マシン

懸垂による背中の筋肉(広背筋)や腕の筋肉(上腕二頭筋)を鍛えるための機器

①プル・アップ (Pull-Up)
もしくはチンニング (Chinning)

②バック・ウォークアウト
(Back Workout)

背筋を鍛えるための機器

③アブダマン・ウォークアウト
(Abdomen Workout)

腹筋を鍛えるための機器

有酸素運動をするための機器

「エリプティカル(楕円形)」という名称の通り足が楕円形の動きをし，クロスカントリー・スキーのような動きをするのが特徴である。ランニングなどと違って着地をする動作がないため，ひざや足首など，関節にかかる負担が少ないが，比較的負荷の高い全身運動である。

④エリプティカル
(Elliptical)

2台とも室内でランニングやウォーキングを行うための機器

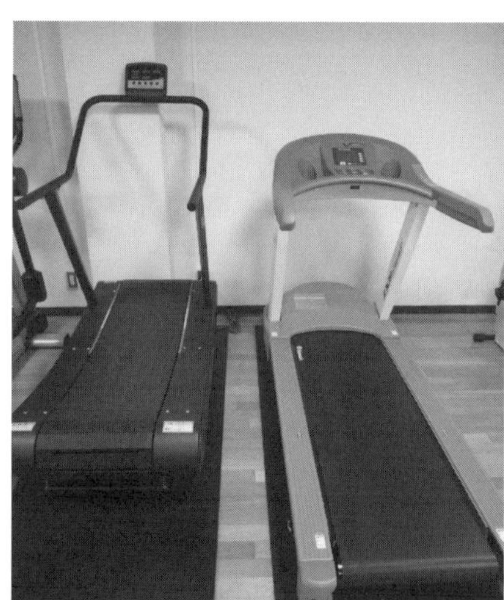

⑤トレッドミル（Treadmill）

左：電源がなく，走ることで自動的にスイッチが入る。
右：電源のスイッチが前方右側の床に近い所にある。

陰になって目立たず，わかりにくいスイッチなので，終了後はスイッチをオフにすること。

3章　FITNESS

担当：二瓶美智子

1　小　史

フィットネスとは，外見ではなくからだの内面でどう感じるかというところにある。つまり，健全な心身そのものを意味している。健康のための運動に定型はなく，環境や興味に合わせてさまざまな運動方法を選択することが可能である。

1946年「健康とは，単に虚弱ではないというだけではなく，身体的・精神的・社会的に完全に良好な状態（well-being）」を前文とした「世界保健機構（WHO）憲章」を採択した。

日本においては，1978年から第1次国民健康づくり施策として，より具体的・積極的な健康・体力増強策が開始された。1988年からは，第2次国民健康づくり施策として，アクティブ80ヘルスプランが実施された。これは「一人ひとりが80歳になっても身のまわりのことができ，社会参加もできるような生き生きとした社会を形成しようとするもの」である。健康的に，そして充実した毎日を送るためには，周囲との関わりをより心地よいものにすることも必要不可欠である。2000年からは，「21世紀における国民健康づくり運動（健康日本21）」が開始され，生活習慣病（栄養・食生活，身体活動・運動，休養，こころの健康，たばこ，アルコールなど）について取り組むべき具体的な目標を設定し，健康づくり対策が検討されている。近年では生活習慣病やメタボリックシンドロームの予防や改善のために運動や食事に対する興味関心が増えている。

2008年4月より開始された特定健康診査・特定保健指導においてメタボリックシンドロームに着目した検査・保健指導が実施されるようになった。検査結果の程度により，運動や食事などの生活習慣改善のための支援が行われている。

日本では戦後，感染症が減少し死亡率も低下して長寿国となった。しかしその一方で生活習慣病による死亡が増加傾向を示している。高齢化社会の到来，医療費の増加も社会問題となっている。運動や食事などの生活習慣を改善することにより，健康維持・増進を図ることは個人だけではなく社会にとっても重要な課題といえる。

2　学習のねらい

フィットネスでは，“身体的・精神的・社会的に健康”という観点から，運動を通じて健康維持増進・体力向上を図ることを目的とする。具体的には次の通りである。

①　運動・スポーツの特性と基礎理論について理解すること

②　運動・スポーツと健康の維持増進との関連性について理解すること

③　身体能力（持久力・筋力・筋持久力・柔軟性）の向上を図ること

④　運動・スポーツを通じて集団活動の一員としての役割を理解すること

フィットネスを通じて自身の健康について興味をもち，学生生活のみならず，将来の健康管理について役立ててもらいたい。

3　生活と運動

(1)　生活習慣病

生活習慣病（life-style related diseases）とは，「食事・運動などの生活習慣がその発症や進行に関与する群」とされている。具体的には2型糖尿病，肥満症，脂質異常症，高血圧などがあげられる。運動や食事などの生活習慣を改善することにより，ある程度の予防が可能である。

(2)　メタボリックシンドローム

2008年度4月から特定健診・特定保健指導が施行されている。これは，40歳以上75歳未満（妊婦を除く）を対象としたものであり，2型糖尿病や脂質異常症，高血圧などの「病気の早期発見・早期治療」を目的としたものである。特に内臓脂肪型肥満（メタボリックシンドローム）に着目し，その要因となっている生活習慣を改善するための保健指導が行われる。メタボリックシンドロームの予防は，成人のみが取り組む課題ではない。近年では小児肥満が深刻化しメタボリックシンドロームとの関連が問題視されている。小児肥満の場合，約70％が成人肥満に移行するばかりか，2型糖尿病・脂質異常症・高血圧などの生活習慣病を合併する可能性が高くなるため，小児期からの肥満予防は重要な課題といえる。

(3)　運動の効果

運動には，さまざまな効果がある。健康維持・増進，体重管理，体力の向上のほか，病気の予防や改善（糖尿病・脂質異常症・高血圧など）にも有効である。また，運動を実施することによりストレス解消やリラックス感を得ることができるので，心身ともに良好な状態に近づくことができる。しかし，適切な運動量を守らなければ効果がないばかりか，体調の悪化や，思わぬけがをすることがあるため注意が必要である。

(4)　運動と栄養

栄養は，生命を維持するうえで必要不可欠な物質である。食品に含まれる栄養素は炭水化物・脂質・たんぱく質・ビタミン・ミネラル（無機質）に分類され，これを五大栄養素という。活動的な生活を送るためには丈夫な体をつくり，エネルギー源となる食べ物をしっかりと摂取して心身をよい状態に保つ必要がある。体重を維持または減らすためには運動だけではなく食事のバランスも考え，日常生活を改善していくことが大切である。「何をどのくらい食べればよいか」を考え，規則正しい生活を心がけていくことが最大のポイントである。

表1　栄養素の役割

役　割	栄養素		
エネルギー源になるもの	炭水化物	たんぱく質	脂　質
身体の構成材料になるもの	タンパク質	ミネラル	水
身体の調子を整えるもの	ビタミン	ミネラル	

(5)　運動と休養

現代社会において，ストレスの原因となる要素は身の回りにたくさんある。疲労からの回復を早め，ストレスを上手くコントロールするためにも，運動を実施して積極的に身体をうごかすことが推奨される。運動することでドーパミン[1)]やβエンドルフィン[2)]が放出され，脳を覚醒させ，快感を得て，鬱々とした気持ちを晴らし，意欲や創造性を高めてくれる。適切な運動を実施することで，良質な休養を促進するとともに活力ある生活を導いてくれる。

1)　ドーパミン：中枢神経に存在する神経伝達物質。運動調節，ホルモン調節，快の感情，意欲，学習に関わる。

2)　βエンドルフィン：脳内で機能する神経伝達物質。鎮痛系に関わり，多幸感をもたらすと考えられている。

4　体力測定

フィットネスでは，持久力・筋力・筋持久力・柔軟性の向上を目的とした運動プログラムを実施する。そのため，運動効果（達成度）を把握するため前・後学期において体力テストを実施する。テストは，文部科学省が考案した新体力テストの項目から，20 mシャトルラン(全身持久力)・握力（筋力）・上体起こし（筋持久力）・長座位体前屈（柔軟性）の測定を実施し，項目別得点表(表2～表5p.27）により記録を採点する。

(1)　20 mシャトルラン（全身持久力）

①　一方の線上に立ち電子音に合わせて測定を開始する（テスト用のCDを使用）

②　一定の感覚で1音ずつ電子音が鳴る。次の電子音が鳴るまでに20m先の線に達し，足が線を越えるか，触れたら，その場で向きを変える。この動作を繰り返し実施する。※次の電子音の前に線に達した時は，次の電子音まで待機する。

③　テスト用CDは，初めはゆっくりであるが，約1分ごとに間隔が短くなる。

④　テスト終了時（電子音についていけなくなった直前）の折り返し総回数を記録値とする。

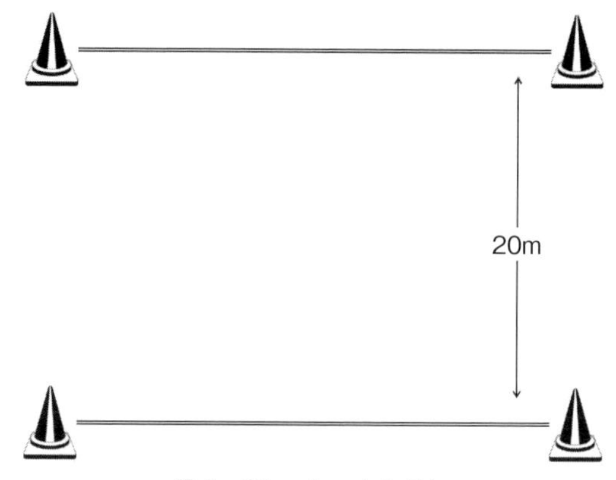

図1　20 m シャトルラン

(2)　握力（筋力）

① 握力計の指針が外側になるようにもち，直立の姿勢で両足を左右に開き両腕を体側で自然に下げ，リラックスした姿勢をとる。

② 握力計を握る手が体に触れないようにする。

③ 左右交互2回ずつ測定し，左右のそれぞれで高い値を記録値とする。

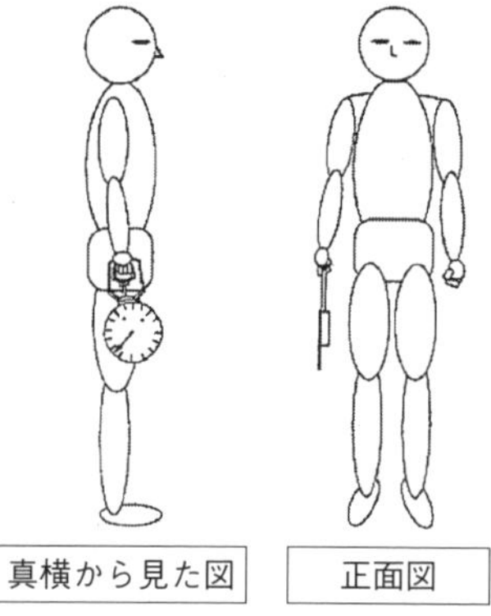

図2　握　力

(3)　上体起こし（筋持久力）

① 仰向けになり，両手を軽く握り胸の前で組む。

② 両膝の角度は90°に保ち，補助者は両膝を押さえ固定する。

③ 「始め」の合図で両肘と両大腿部がつくまで上体を起こす。

④ 30秒間の上体起こし（両肘と両大腿部がついた）の回数を記録値する。

⑤ 実施は1回とする。

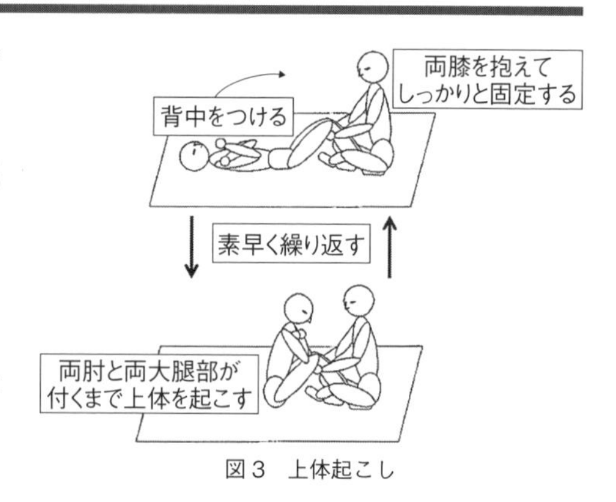

図3　上体起こし

(4)　長座位体前屈（柔軟性）

① 両脚を箱の中に入れ背中・尻は壁につけて長座姿勢をとる。

② 肩幅の広さで両手のひらを下に向け，手のひらの中央付近が箱の手前にかかるように置く。

③ 箱の手前右または左の角に零点を合わせる。

④　両手を箱から離さず，膝が曲がらないように注意しながらゆっくりと前屈する。

⑤　2回測定してよい方を記録値とする。

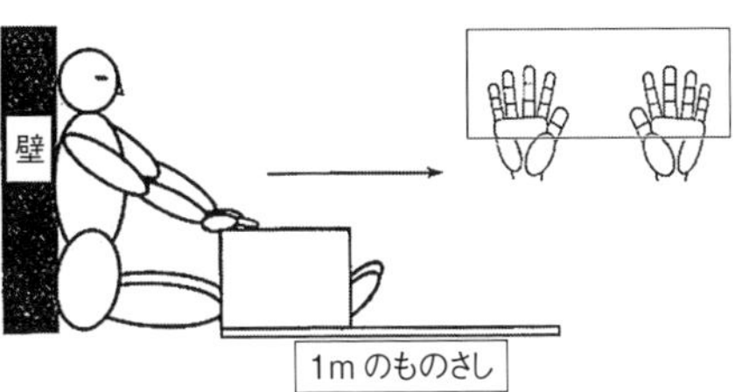

図４　長座位体前屈

表2　項目別得点表（12～19歳　男子）

得点	20m シャトルラン	握力	上体起こし	長座位体前屈
10	125回以上	56kg以上	35回以上	64cm以上
9	113～124	51～55	33～34	58～63
8	102～112	47～50	30～32	53～57
7	90～101	43～46	27～29	49～52
6	76～89	38～42	25～26	44～48
5	63～75	33～37	22～24	39～43
4	51～62	28～32	19～21	33～38
3	37～50	23～27	16～18	28～32
2	26～36	18～22	13～15	21～27
1	25回以下	17kg以下	12回以下	20cm以下

表3　項目別得点表（12～19歳　女子）

得点	20m シャトルラン	握力	上体起こし	長座位体前屈
10	88回以上	36kg以上	29回以上	63cm以上
9	76～87	33～35	26～28	58～62
8	64～75	30～32	23～25	54～57
7	54～63	28～29	20～22	50～53
6	44～53	25～27	18～19	45～49
5	35～43	23～24	15～17	40～44
4	27～34	20～22	13～14	35～39
3	21～26	17～19	11～12	30～34
2	15～20	14～16	8～10	23～29
1	14回以下	13kg以下	7回以下	22cm以下

表4　項目別得点表（20～64歳　男子）

得点	20m シャトルラン	握力	上体起こし	長座位体前屈
10	95回以上	62kg以上	33回以上	61cm以上
9	81～94	58～61	30～32	56～60
8	67～80	54～57	27～29	51～55
7	54～66	50～53	24～26	47～50
6	43～53	47～49	21～23	43～46
5	32～42	44～46	18～20	38～42
4	24～31	41～43	15～17	33～37
3	18～23	37～40	12～14	27～32
2	12～17	32～36	9～11	21～26
1	11回以下	31kg以下	8回以下	20cm以下

表5　項目別得点表（20～64歳　女子）

得点	20m シャトルラン	握力	上体起こし	長座位体前屈
10	62回以上	39kg以上	25回以上	60cm以上
9	50～61	36～38	23～24	56～59
8	41～49	34～35	20～22	52～55
7	32～40	31～33	18～19	48～51
6	25～31	29～30	15～17	44～47
5	19～24	26～28	12～14	40～43
4	14～18	24～25	9～11	36～39
3	10～13	21～23	5～8	31～35
2	8～9	19～20	1～4	25～30
1	7回以下	18kg以下	0回	24cm以下

5　運動の実際

（1）　運動の進め方

①　体調チェック

運動開始前に１分間の安静時心拍数を測定し運動の可否を判断する。触診により手首または頸動脈で測定する（10秒間の拍動数を6倍する）。測定値が100拍以上の場合は運動を中止することが望ましい。

②　運動強度の設定

運動を実施するにあたり，最も重要なことは強度の設定である。

フィットネスでは次の2つの方法を用いる。

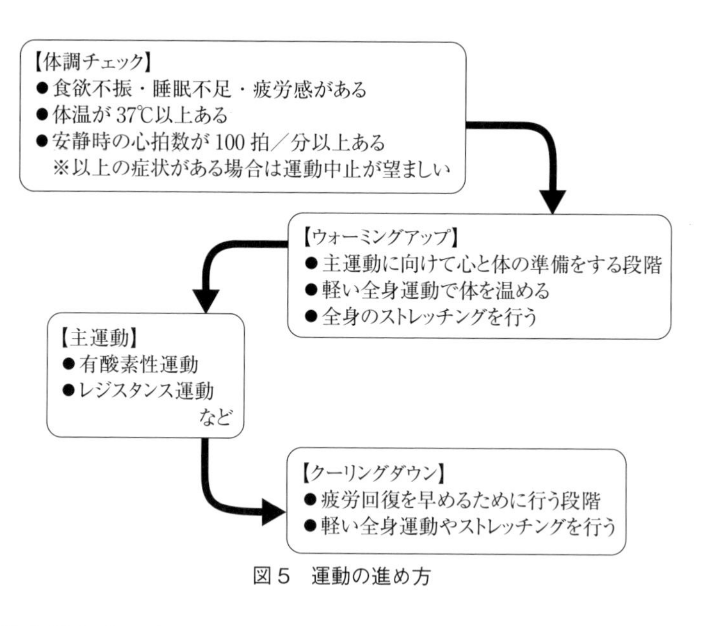

図５　運動の進め方

● **目標心拍数を設定する方法**

有酸素運動を実施する場合は「最大酸素摂取量」の何パーセントで行うかということが強度の設定になるが測定が困難である。そこで，酸素摂取量と密接な関係にある心拍数で代用することが多い。心拍数で強度の設定を行う場合は，心拍予備量（最高心拍数－安静時心拍数）を活用したカルボーネン法で目標心拍数の設定を行うことが一般的である。

例えば，20歳，安静時心拍数70拍の人が，目標強度50％で運動を実施する場合には

$\{(220-20)-70\}\times 0.5+70=135$（拍／分）となる。

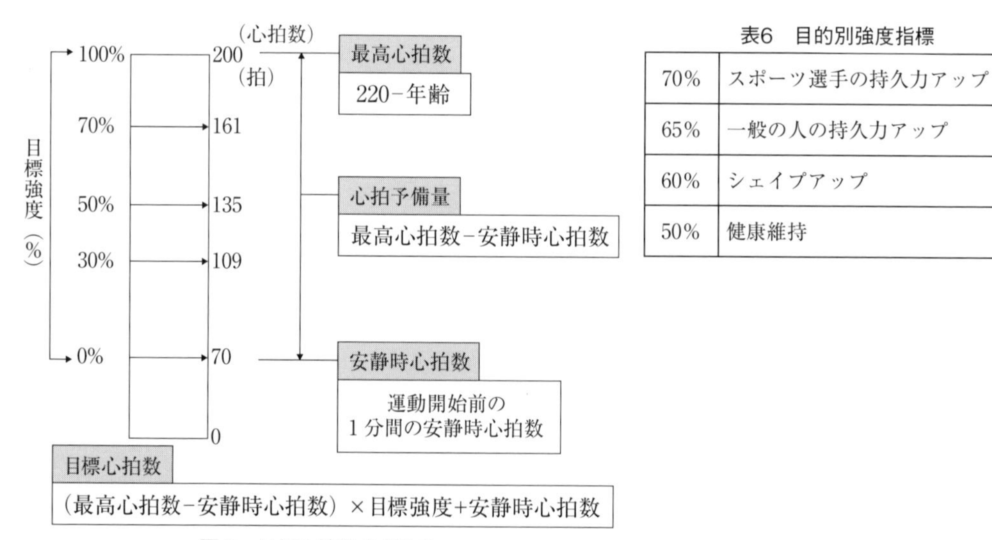

図６　目標心拍数の求め方

表6　目的別強度指標

70%	スポーツ選手の持久力アップ
65%	一般の人の持久力アップ
60%	シェイプアップ
50%	健康維持

●主観的運動強度(RPE)を利用する場合

主観的運動強度（RPE; Subjective Rating of Perceived Exertion）とは「自ら感じる“きつさ”を目安にする方法」である。

表7　主観的運動強度(RPE)

20		
19	非常にきつい	very very hard
18		
17	かなりきつい	very hard
16		
15	きつい	hard
14		
13	ややきつい	somewhat hard
12		
11	楽である	fairly light
10		
9	かなり楽である	very light
8		
7	非常に楽である	very very light
6		

(2)　運動種目の選択

フィットネスでは「有酸素性運動（持久力向上）」「レジスタンス運動（筋力・筋持久力向上）」「ストレッチング（柔軟性向上）」のプログラムを中心に実施する。

健康維持・増進

体重管理

有酸素性運動

レジスタンス運動

ストレッチング

ストレス解消

全身持久力向上

筋力・筋持久力向上

柔軟性の向上

図7　運動種目と効果

①　有酸素性運動（持久力向上プログラム）

有酸素性運動とは，酸素を十分に摂取しながら長時間行うことのできる運動のことを示す。有酸素性能力は「ねばり強さ」の指標である。

【有酸素性運動より得られる効果】

・死因や早期死亡リスクの減少

・あらゆる死亡率の減少

・健康状態の改善

A. ウォーキング

●基本的なフォーム

□普段よりも，やや歩幅を広げる。

□背筋を伸ばす。

□足は踵からしっかりと着く。

□あごを引く。

□まっすぐ前を見る。

図8　ウォーキングの基本的なフォーム

□腕を軽く振る。

●トレーニング方法

ウォーキングは，運動習慣のない人や中高齢者でも実施が可能である。最初は目標強度を50％程度に設定し，慣れてきたら徐々に75％まで高くしていく。持久力向上を目的とする場合は，1回につき最低30分継続して歩き，週2〜3回実施することが望ましい。減量が目的でとする場合は，時間を長く，頻度は多くすることが望ましい。

B. ジョギング

●基本的なフォーム

□かかとから着地する。
□上体の力を抜いてリラックスする。
□呼吸は自然に行う。
□足先がまっすぐ前を向くように走る。

●トレーニング方法

ジョギングもウォーキング同様に運動習慣のない人でも実施が可能である。しかし，急に速度を上げるのではなく，ゆっくりとしたジョギングから開始する。運動中は心拍数を目安にすると良い。最初は目標強度を50％程度に設定し，慣れてきたら徐々に75％まで高くしていく。持久力向上を目的とする場合は，1回につき最低20分継続して走り，週2〜3回実施することが望ましい。

C. エアロビックダンス

●トレーニング方法

エアロビックダンスは勝敗を競わず，運動そのものが評価されるものではない。限られた場所で道具を使わずに多数の人が全身運動を長時間行うことができる種目である。ウォーミングアップ → 主運動 → 筋コンディショニング → クーリングダウンから構成され，1回の運動時間は一般に45〜60分に設定される。最初は目標強度を50％程度に設定し，慣れてきたら徐々に75％まで高くしていく。エアロビックダンスは音楽のテンポ（BPM；beats per minutes, 拍／分）を活用して実施するため爽快感を得ることもできる。ウォーミングアップからクーリングダウンで使用する音楽のテンポは120〜160BPMであり各セッションでテンポを調整する。

② レジスタンス運動（筋力・筋持久力向上プログラム）

レジスタンス運動とは，筋力や筋持久力を高める運動のことを示す。ダンベルやフリーウェイト，マシン等を使用して行うプログラムもあるが，フィットネスでは器具を使用しない自重負荷トレーニングを中心に行う。筋力・筋持久力は「力強さ」の指標である。

【レジスタンス運動により得られる効果】

・姿勢，バランスの協調性改善
・除脂肪組織，安静時代謝量の維持増加
・骨粗鬆症，2型糖尿病の予防

A. 上半身のトレーニング

＜プッシュアップ(大胸筋・三角筋・上腕三頭筋)＞

□手幅は肩幅より広くして四つ這いの姿勢をとる。
□体幹を固定し，肘を曲げ床に胸を近づける。
□床を押しながら元の姿勢に戻る。

図9　プッシュアップ

＜シット・アップ(腹直筋・外腹斜筋・腸腰筋)＞

□仰向けになり，殿部，腰，背中を床につける。
□足を肩幅に開き膝を90度程度曲げる。
□両手は後頭部に添える。
□反動を使わずにゆっくりと上体を起こす。
□ゆっくりと元の姿勢に戻す。

図10　シット・アップ

＜バックエクステンション(脊柱起立筋・大殿筋)＞

□うつ伏せになり，足を肩幅に開き，両手を耳の横に添える。
□反動を使わないようにゆっくりと頭と胸を起こす。
□胸が離れる程度まで上げたら，ゆっくりと元の姿勢に戻す。

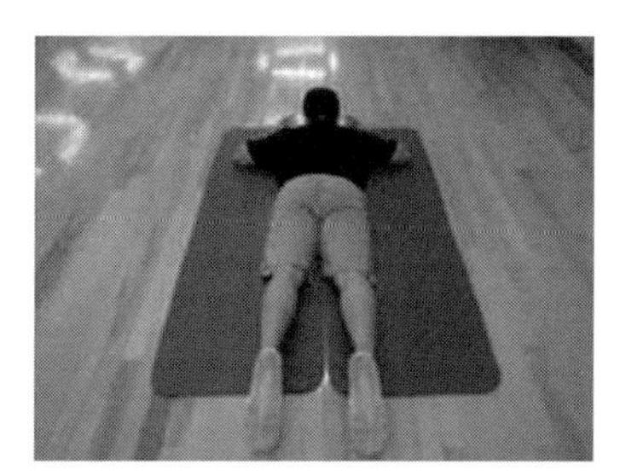

図11　バックエクステンション

B. 下半身のトレーニング

＜スクワット(大腿四頭筋)＞

□つま先を前方に向け，脚は肩幅よりやや広めに開く。

□背筋をのばしできるだけ高い姿勢を作り正面を見る。

□腕は肩の高さで前方に伸ばす。

□太ももが床と平行になる位置までゆっくりと膝を曲げていく。

□膝頭は常につま先の方向に向け，つま先よりも前に出したり内側に入れたりしないようにする。

図12　スクワット

＜フォワードランジ(股関節・下肢筋群)＞

□足を腰幅に広げ，つま先を正面に向けて体重を足裏全体にかける。

□手を腰におき，できるだけ高い姿勢を作り正面を見る。

□上体の姿勢を保ったまま片方の脚を前方に踏み出す。

□腰を真下に下げていく（後ろ足の膝が床から5cm位まで)。

□踏み出した脚で床を蹴り元の姿勢に戻る。

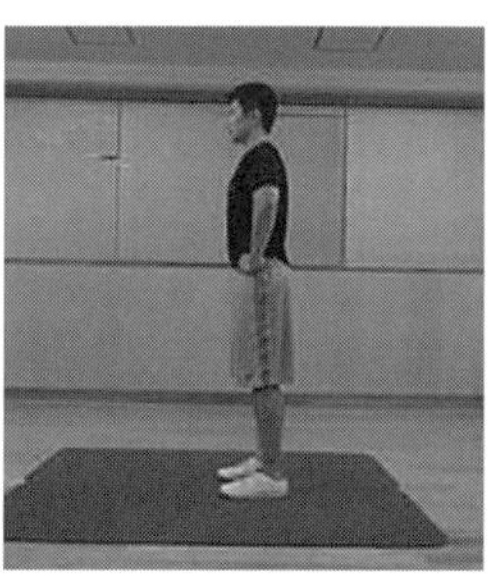

図13　フォワードランジ

C. 体幹のトレーニング

＜バードドッグ＞

□両腕は肩幅に，両膝は腰幅に開き四つ這いの姿勢をとる。

□腰，肩，耳が一直線になるように身体を固定させる。

□ゆっくりと片手を床から持ち上げ前方に伸ばすと同時に，反対の脚を床から持ち上げ後方に伸ばす。

□ひと呼吸おいてから元の姿勢に戻る。

□上げる手と脚を代えて同様に行う。

図14　バードドッグ

＜フロントブリッジ＞

□うつ伏せになり，両肘を肩の下につく。

□床に対して一直線になるように身体を持ち上げる。

□慣れて来たら片足を上げる。

図15　フロントブリッジ

＜サイドブリッジ＞

□肩の下に肘がくるようにつき，横向きになり膝を曲げる。

□肘と骨盤と膝を直線ラインにおく。

□骨盤を真上に持ち上げる。

□慣れてきたら脚をのばして行う。

図16　サイドブリッジ

③　ストレッチング（柔軟性向上プログラム）

ストレッチングとは，筋や腱を伸張させ関節可動域を維持・向上させる運動のことを示す。1人で行うセルフストレッチング，2人組みで行うパートナーストレッチングがある。フィットネスではセルフストレッチングを中心に実施する。

【ストレッチングにより得られる効果】

・筋緊張の低下

・傷害リスクの低下

・パフォーマンスの向上

A. 上半身のストレッチング

①頸　部　②頸　部　③体　側

④肩　⑤上腕背部　⑥胸　部

図17　上半身のストレッチング

B. 下半身のストレッチング

①大腿内側　②臀　部　③大腿前面

④腰部と臀部　⑤腰部と臀部　⑥下腿部

図18　下半身のストレッチング

6　コーディネーショントレーニング

コーディネーショントレーニングとは，旧東ドイツがアスリートを育成するために国策として考案したトレーニング方法である。運動を行うには筋力，持久力，柔軟性が正常な機能を果たすことが重要となる。これらを調整するためには，動作に伴ういくつかの神経や筋肉が同時的，共同的に使用される機能が必要であり，その調整能力をコーディネーション（協調性，協応性）という。

コーディネーショントレーニングを実践することにより「自分のからだを思い通りに動かせる能力」が向上する。

コーディネーション能力を高めるためのトレーニング種目は，７つに分類される。これを「コーディネーション７つの能力」とよぶ。７つの能力とは運動神経の構成要素と考えられており，これらの能力を高めることで運動神経は向上するといわれている。

フィットネスでは持久力・筋力・柔軟性の向上に加えて運動神経の向上を目的としたコーディネーショントレーニングも行う。

＜コーディネーション７つの能力＞

①　定　　位：相手やボールなどと自分の位置関係を正確に把握する能力
②　変　　換：変化に対応して素早く動作を切り替える能力
③　リ ズ ム：リズムやタイミングを合わせて身体を表現する能力
④　反　　応：合図に正確に素早く反応する能力
⑤　バランス：バランスを保つ，姿勢を立て直す能力
⑥　連　　結：関節や筋肉の動きをタイミングよく同調させる能力
⑦　識　　別：手足や道具を扱う能力，合図に正確に素早く反応する能力

7　体重管理

健康維持・増進，生活習慣病の予防のためには体重管理は重要である。体重を管理するためには，適度な運動でエネルギー消費量を増加させるとともに，バランスのよい食事を心掛けることが大切である。食事などで摂取するカロリーと，日常生活で消費するカロリーが同じであれば体重は維持される。減量するためには，消費カロリーが上回れば良い。運動で単位時間当たりどれくらいのエネルギーを消費するかは，安静時の代謝量の何倍に相当するかの単位「メッツ」を活用する。メッツに運動時間と体重をかけあわせれば消費カロリーが算出できる。

【運動時の消費カロリー計算式】

消費カロリー（kcal）＝3.5×強度（メッツ）×時間（分）×体重（kg）× 0.005

注］3.5…メッツの基準
0.005…酸素消費量から消費カロリーにする補正係数

減量を行う場合は，1日に300kcal程度のマイナスをつくることが無理のない範囲といわれている。運動のみで300kcal減，食事のみで300kcal減という考え方もあるが，双方で150kcalずつ減量することが無理のない方法と考えられる。

体格を示す指標のひとつとしてBMI（Body Mass Index）指標がある。これは身長に対する体重の割合を示すもので，体重(kg)／身長^2(m) で求めることができる。BMIは体脂肪と相関関係があるといわれており，数値が大きいほど肥満傾向を示す。しかし，あくまでも体格を示すひとつの指標であり体脂肪率を正確に示すものではない。BMIと体脂肪率の両方を評価することで適正な体格評価に繋がる。一定期間での具体的な目標計画を立て，こまめに評価することがポイントである。

表8　BMIの基準値

BMI	～18.5	18.5～22～25（標準値）	25～
評価	やせ気味	正常	肥満傾向

表9　体脂肪率の評価値

体脂肪率		評価
男性	女性	
30%～	35%～	非常に多い
25%～	30%～	多い
～25%	25%～	やや多め
～20%	～25%	標準
～10%	15～20%	少ない

表10　運動時の消費カロリー

		運動強度（メッツ）	運動時間（分）	消費カロリー(kcal)			
				50kg	60kg	70kg	80kg
ウォーキング	1km10～20分	2.5	30	66	79	92	105
	1km12～13分	3.5	60	184	221	257	294
	1km9分	5.5	60	289	347	404	462
ジョギング	1km7.5分	7.5	30	197	236	276	315
	1km6分	11	60	578	693	809	924
エアロビックダンス	軽い	4	90	315	378	441	504
	ハード	10	45	394	473	551	630

参考文献

森永スポーツ＆フィットネスリサーチセンター(2003)：フィットネス指導デザイン・マニュアル ウイダー・フィットネスバイブル，森永製菓株式会社健康事業部

入來正躬・永井正則共訳(2003)：生理学－はじめて学ぶ人のために－株式会社 総合医学社

勝田茂編著(2007)：第2版 運動生理学20講，株式会社 朝倉書店

横浜市スポーツ医科学センター(2013)：新版 図解 スポーツトレーニングの基礎理論，株式会社 西東社.

文部科学省ホームページ(新体力テスト)

URL：http://www.mext.go.jp/a_menu/sports/stamina/03040901.htm

URL：http://www.mext.go.jp/a_menu/sports/stamina/03040901.htm

東根明人 監修(2008)：体育授業を変えるコーディネーション運動65選，－心と体の統合的・科学的指導法－，明治図書出版株式会社.

4章　SOCCER

担当：福川裕司

1　サッカー（蹴球）の歴史

(1)　サッカーの起源

サッカーの起源について明確な答えを出すことは困難である。記録として記されているもの以外に，世界中の至る所でサッカーの原形やそれに似た行為がなされていた可能性があるためである。例えば，古代メソポタミアの球を太陽に見立てて奪い合った神事(競技)や，イタリアで中世から行われていた「カルチョ・ストリコ・フィオレンティノ」はサッカーに非常によく似ている。日本における蹴鞠もその行為は，サッカーを連想させるものである。

一般的に，サッカーの起源は8世紀頃のイングランドにあるといわれてきた。当時，戦争で敵国を破ると将軍の首を切りとり，その頭部を蹴って勝利を祝ったという。それが次第にボールを蹴るゲームになったともいわれている。

中世の蹴球の唯一ルールらしいものといえば，ゴールの位置が決められていた程度で，あとは好き勝手にボールを奪い合うものであった。道路に溢れた数百人の競技者たちがゴールを目指す様子は，現在のサッカーよりもむしろラグビーに似ていたという。どこの国にも似たような危険な祭りがあるが，これらは抑圧された民衆の不満のはけ口になっていたのであろう。

(2)　近代のサッカーの起源と歴史

1848年，ケンブリッジ大学でフットボール(サッカー)のルールが決定し，スポーツとして正式に認められるようになった。イングランドでは他にも古くからさまざまな蹴球が行われていた。ウェストミンスターやチャーターハウスなどのロンドンの学校で行われていた，いわゆる協会式 Association football がのちにサッカーになり，ラグビーの学校で行われていたラグビー式蹴球がいわゆるラグビーになったといわれている。

その後，サッカールールの統一のため，1863年にロンドンとその近郊のクラブ代表によりフットボール協会(Football Association：FA)が設立された。さらに，イングランドで盛んになったサッカーはイギリス全土に広まり，スコットランド，ウェールズ，北アイルランドにも協会が設立された。それらの協会の間で試合が行われるようになり，ルールの調整の必要から4協会の代表によって1882年国際サッカー評議会(International Football Association Board)が設立された。また，1904年にはフランス，ベルギー，デンマーク，オランダ，スペイン，スウェーデン，スイスの各サッカー協会により FIFAが設立された。なお，「サッカー競技規則(Laws of the Game)」は毎年2

月，または3月に開催されるサッカー評議会の年次総会で改正が検討され，FIFA から通知される。

(3) 日本のサッカーの起源

現在の形のサッカーが日本に持ち込まれたのは1873年(明治6年)のことであり，イギリス人のダラス海軍少佐によって紹介された。1936年に大日本蹴球協会が創立され，その後日本のサッカーは徐々に発展し，1993年にはプロのJリーグが発足するに至った。

(4) FIFA World Cup

4年に1度開催される FIFA World Cup は，1930年にウルグアイにて第1回大会が開催された。わが国も1998年のフランス大会で初出場を果たし，2002年の日韓共催大会では決勝トーナメントに進出した。それ以後，ドイツ大会，南アフリカ大会，ブラジル大会と出場を決めており，世界のトップレベルに徐々に近づきつつある。

(5) サッカーの特徴

世界の至る所で「蹴る」という行為がされていることから考えると，その行為自体が人間の持つ欲求の一つなのではないかとも考えられる。

また，ボールが1個あれば，どこでも誰でもできるということが世界中に普及した理由の一つであり，特徴ではないかと考えられる。

なお，試合は11人以下の競技者からなる二つのチームによって行われる。チームの競技者のうち，1人はゴールキーパーである。いずれかのチームが7人未満の場合は試合を開始できない。

〈参考〉①日本では蹴球のことを「サッカー：Soccer」とよんでいるが，これは世界的にみるとかならずしも一般的な呼称ではない。日本のサッカーリーグは Japan Football League（JFL），つまり「フットボール」である。多くの国では「フットボール：Football」とよんでおり，むしろフットボールという呼称でなければ通じない国も多くある。ちなみに Soccer とは Association（協会）の第2音節からの口語的短縮形で，この言葉が使われ始めたのは比較的新しく1891年だという。

〈参考〉②日本では蹴鞠が古くから行われていたが，それは約1400年前，中国から仏教と一緒に伝来したといわれている。その後中国では衰退したものの，日本では天皇から民衆まで広く普及した。蹴鞠は通常6人か8人の偶数人で行う。松，桜，柳，かえでに囲まれた約15メートル四方の「鞠庭」（まりてい）で相手に蹴りやすい球を蹴って鞠をつないでいく。蹴られた鞠を足の上で止めて，軽く上げて，蹴るのが原則。サッカーと置き換えると，「トラップ」「リフティング」「パス」の順になる。現在は京都・白峯神宮の保存会が有名である。

2 コートと用具

(1) コートの大きさ

競技のフィールドは長方形とする。タッチラインの長さはゴールラインの長さより長くなければならない。

(2) ゴールの大きさ

ポストの間隔は7.32 m(8 yd)
クロスバーから地面まで2.44 m(8 ft)
ポストとクロスバーの幅と厚さ12 cm(5 in)

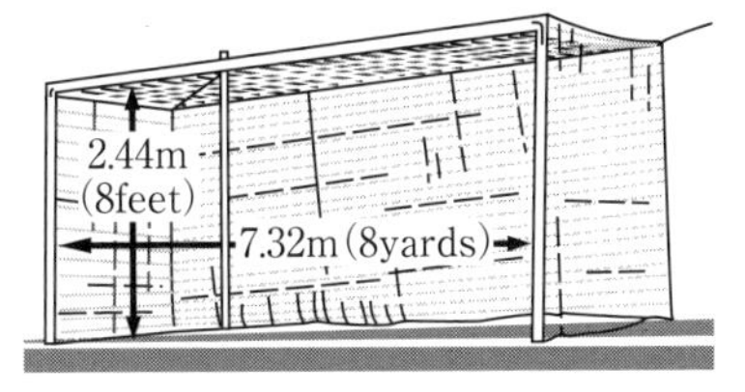

図1　ゴールの大きさ

表1 コートの範囲

長さ	最小	90m(100yd)
	最大	120m(130yd)
幅	最小	45m(50yd)
	最大	90m(100yd)

表2 国際試合のコートの範囲

長さ	最小	100m(110yd)
	最大	110m(120yd)
幅	最小	64m(70yd)
	最大	75m(80yd)

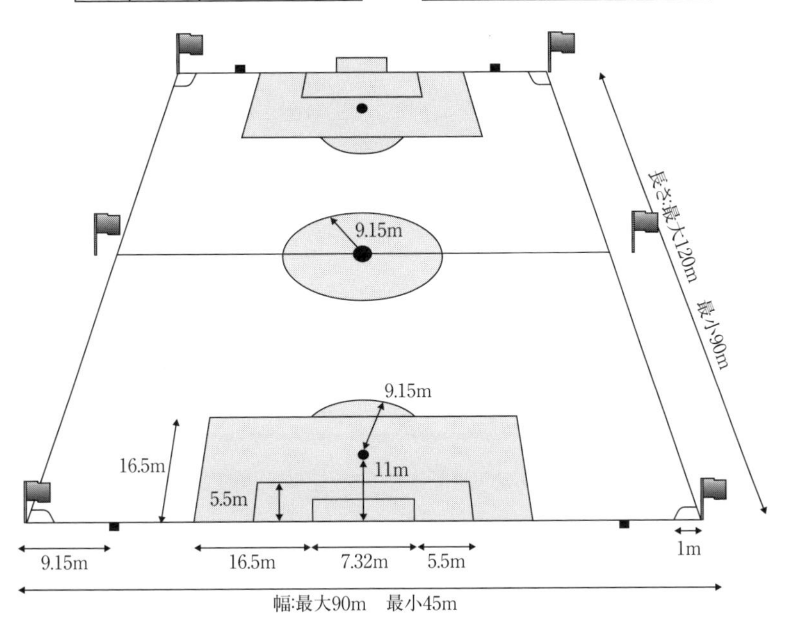

図2　サッカーコート

〈参考〉 ③時代とともにゴールも変化してきた。最初のゴールは，２本のポールを立てただけのものだった。それが1866年からテープが結ばれるようになり，1875年にはテープが木のバーへと変化していった。サッカーの特徴でもあるゴールネットが使われるようになったのは1882年以降のことである。同じようにルールも変化してきた。例えば，ゴールが決まるごとのチームの陣地交換や，コートから出たボールを先に取り押さえた人に片手で投げ入れるスローインの権利が与えられるなど，ゲームを消化するのに時間がかかっていたという。

(3) ボールの品質や規格

ボールは球形で皮革または他の適切な材質でつくられたもので，外周が70 cm(28 in)以下，68 cm(27 in)以上でなければならない。また重さが試合開始時に450g以下，410g以上で，空気圧が，海面の高さで0.6 ～ 1.1気圧(600 ～ 1100 g/cm^2)のものとする。

(4) 競技者の用具

競技者は，自分自身あるいは他の競技者に危険となるような用具やその他のもの(宝石類を含む)を身につけてはならない。

競技者が身につけなければならない基本的な用具

- **ジャージまたはシャツ**
- **ショーツ**
  サーマルアンダーショーツ(スパッツ)を着用する場合は，主な色がショーツの主な色と同色とする。
- **靴**
- **すね当て**
  ストッキングで完全に覆われていて，適切な材質(ゴム，プラスチック等)でつくられていること。
- **ストッキング**
- **ゴールキーパーは，他の競技者，主審，副審と区別のつく色の服装をする。**

3 基本技術

サッカーの基本技術としてキック，トラップ(ストップ)，ドリブル，フェイント，ヘディングについて紹介する。

(1) キック

キックはシュートやパス，あるいはクリアーをする際に使用するが，蹴りやすいものを適時用いる。

<注意点>

① いずれのキックでもボールを前にして立ったとき，目標を確認し，ボールとの距離，踏み込む場所を確認した後，ボールを注視する。
② 蹴る際もボールを注視し続けることが大切である。
③ インパクトの瞬間はしっかりと足首を固定する。
④ 人体の構造上，右足(左足)で蹴ると軸足である左側(右側)を中心にして回転してしまいやすい。その点に注意し，インパクトの瞬間は蹴りたい方向に蹴り足を向けるように意識する。
⑤ ボールを蹴った後のフォロースルーは，無理に足を上げるのではなく，力を抜いて自然に動く程度にとどめる。

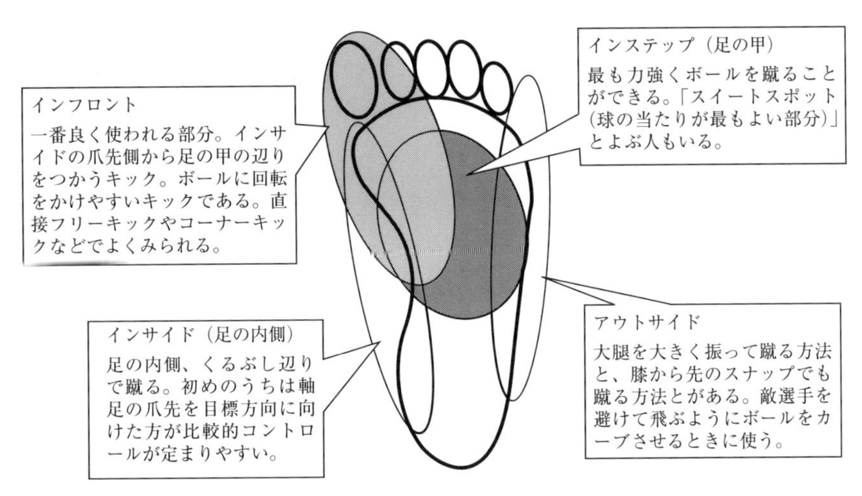

図3　ボールを蹴る部位

<インステップキック>

速いボールや遠くにボールを蹴る際に適している。足の甲にうまく当てられない場合は，蹴りたい方向に対して少し斜めから踏み込むと蹴りやすい。

図4　インステップキック（前）

図5　インステップキック（後）

<インサイドキック>

正確にボールを蹴ろうとする際，インサイドキックを用いることが多い。その理由の一つに，ボールと足との接触面が他のキックよりも少し広いため，正確なコントロールをするのに適していることが挙げられる。

図6　インサイドキック（前）

図7　インサイドキック（後）

<アウトサイドキック>

慣れるまで，うまくボールにインパクトを与えることは難しいが，試合では意表をついた効果的なパスを出す際にしばしば見られる。

図8　アウトサイドキック（前）

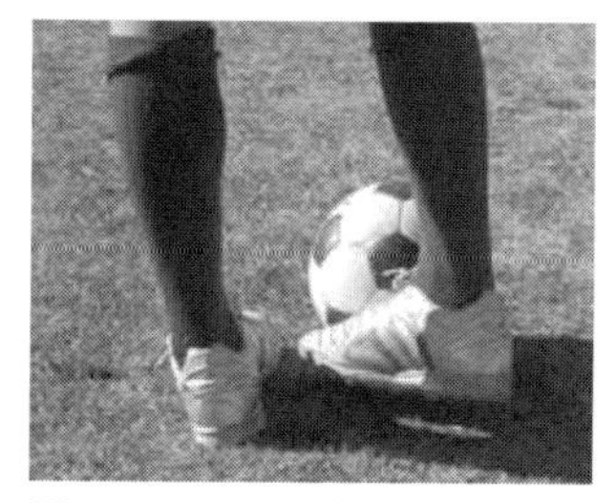

図9　アウトサイドキック（後）

＜インフロントキック＞

ボールに回転をかけやすく，さまざまな軌道を描けるため，試合中頻繁に使われるキックである。直接フリーキックやコーナーキックなどでもよく見られる。蹴りたい方向に対して少し斜めから踏み込むと蹴りやすい。

＜キックの練習方法＞

正確なキックは１種類の訓練方法だけで向上するのではない。やはりさまざまな状況の中で感覚を身につけていくことも必要である。

① 初めは手にボールを持って練習を始める。足元にボールを落とし，落下してくるボールを地面に落ちる前に蹴り上げ，そのボールをキャッチする。この練習で必要な

図10　インフロントキック（前）

図11　インフロントキック（後）

ことは，足に当たる感覚をつかむことである。ちなみに，これを手に持たず連続して行うとリフティングになる。

② プレースキックでは，軸足と蹴り足の位置関係の把握，さらにボールとの距離感を把握し，蹴る時の感覚をつかむことが大切である。慣れてきたら，ボールを足元から少し前に転がし，止まったボールではなく，動いているボールを蹴るようにする。

③ ２人で向き合ってパスをしたり，ミニゲームやゲームで活きたボールを蹴ったりすることもよい。

④ うまくいかない場合は，うまい人の蹴り方を真似るとよい。そして何度も何度もイメージして練習を繰り返す。やはり反復練習が上達の近道である。

⑤ トラップからパスまでを素早くしたい場合，次の練習方法もよい。

蹴り足でボールをトラップしたとき，その足を一旦地面に下ろさずにボールを蹴り返す。相手がいない場合，キックボードを前に練習してもよい。このキックはステップが少ないため，素早いパスを可能にしている。注意点は，トラップの時点でステッ

プをせずに次に蹴りやすい位置にコントロールすることである。

これらの他にもさまざまな場面でのキックの練習をし，いろいろなリズムをからだに染み込ませることも大切である。

補足：キックをする際，蹴った弾道をすぐに目で追いかけようとしている人がいる。このような場合，多くはミスキックになってしまう。狙い通りのところへキックする(結果)ためには，目標物を確認した後，インパクトを与える瞬間(現在)，ボールのみに十分過ぎるほどの注意を向けることである。蹴った後の弾道は自分の力では変えられないので気にしないこと。人は見ている「つもり」になっていることが多いので，蹴った後もインパクトを与えた空間を見つつ余韻を感じているくらいがちょうどよい。今，ここを大切にしなければならない(p.53のQ1参照)。

(2) トラップ（ストップ）

トラップとは，インサイド，アウトサイド，インステップ，足底，大腿，胸，腹，頭，肩など，手以外のあらゆる部分を使ってボールを止める技術である。イメージ通りにコントロールするためには，ボールにタッチする練習を数多く繰り返さなければならない。ゲームでは，このファーストタッチがその後のプレーを左右することになるので大切に扱わなければならない。

＜ファーストタッチの重要性＞

ゲームにおいて，１回のタッチはゲームの流れを左右するほどの意味をもっているため，トラップなどのファーストタッチは重要になる。状況を適確に判断し，足元近くのすぐ蹴りやすい位置にコントロールしたほうがよいのか，あるいは空いたスペースに転がしたほうがよいのかなどを瞬時に選択実行することも重要である。

しかし，１人の状況判断だけでは対処しきれない場合もあるため，周囲の仲間のコーチング(声かけ)も大切になる。

ポイント ●●●

① できる限り敵に対して背中を向けないようにコントロールする。

② 少しでも広い視野を保てるようにからだの向きを考えてコントロールする。

例えば，タッチライン際でボールを受ける場合，からだの向きはコートの外ではなく，少しでも周囲の状況が確認できるコートの中を向くようにする。

コツ ●●●

浮いたボールの場合，少し厚いカーテンをイメージしてトラップの感覚をつかむとよい。壁にボールがぶつかると跳ね返るが，カーテンであればボールは跳ね返らずそのまま下に落ちる。

ゴロのボールの場合，ボールを迎えにいく感じで行うと勢いを止められる。

具体的にいうと，ボールに対してインサイドを差し出し，ボールが当たる瞬間，差し出した足を元に戻すようにして引く。

(3) ドリブル

ドリブルはボールを最もコントロールしやすく，ボールタッチの感覚が得られやすい部位で行う。アウトフロントを使うと移動しながら正確にコントロールしやすく，走る動きにも邪魔にならないため，速いドリブルに適している。しかし，スピードが上がれば上がるほど，大きなドリブルになり，相手にカットされる可能性も高くなる。数多くボールにタッチして，自分の間合いやドリブルのリズムを身につけることが大切である。

ボールキープのうまい選手は，スピードやリズムの緩急，自由自在な方向転換といった細かい技術を巧みに組み合わせてボールをコントロールしている。ボールのコントロール能力が向上すると視野が広がり，周囲の状況把握に余裕をもてるようになってくる。

初心者の場合は，まずボールに数多くタッチして，自分の思い通りにボールをコントロールできるようにすることが大切である。

<ドリブルの練習方法>

２本のラインを引き，そのラインの間をドリブルする。あらゆる部位を使ってタッチをするように心掛け，何度も練習を繰り返す。リズムに緩急をつけたり，あるいはフェイントを入れたりして実際のゲームに近づけていく。

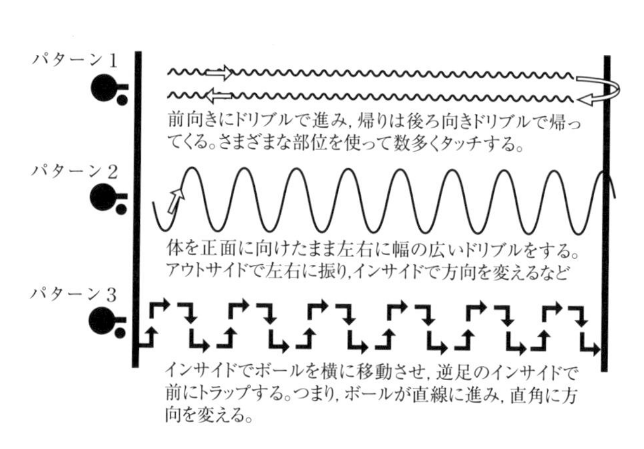

図12　ラインを使ったドリブルの練習方法

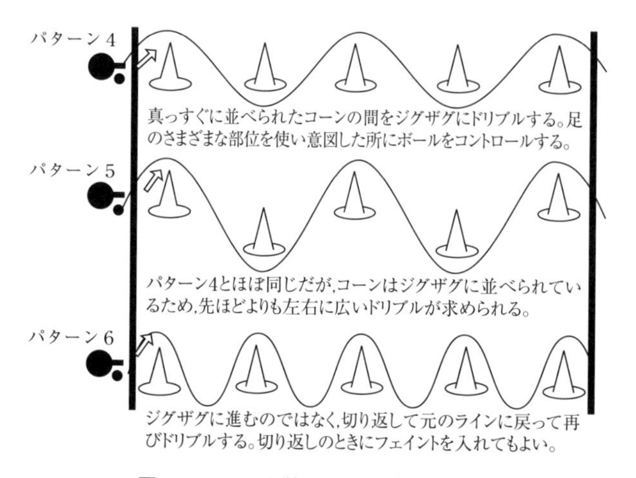

図13　コーンを使ったドリブルの練習方法

コーンを使った練習では，コーンの近くにボールを転がすのか，あるいはコーンからボールをできるだけ遠ざけてドリブルするのかといったことにも注意して行うとよい。

<キープゲーム>

決められたスペースに５人が入り，３人がボールを持つ。ボールを持っていない２人がボールを奪いに行く。ボールを奪ったら，今度は奪った人がキープする。奪われた人は取り返す。キープ力だけでなく，周囲の状況を見る訓練にもなる。

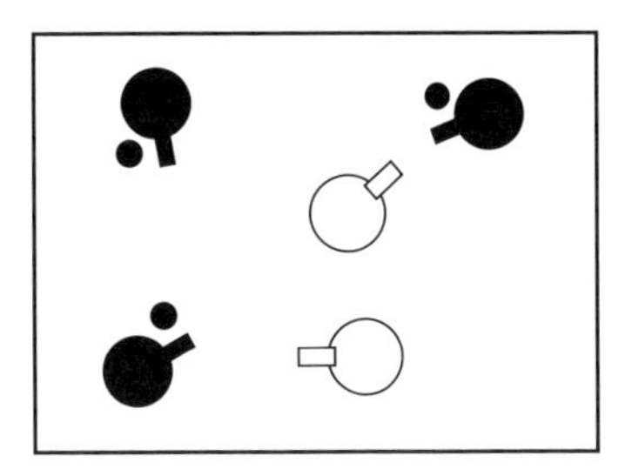
図14　3 vs 2のキープゲーム

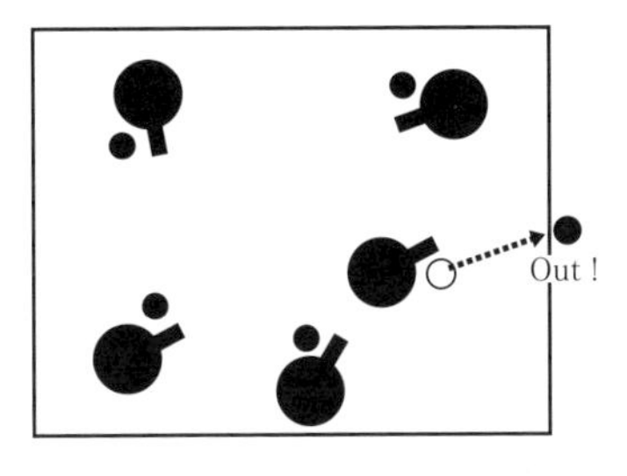

図15　蹴り出しゲーム

<蹴り出しゲーム>

先ほどと似ているが，今度は５人全員がボールを持ち，キープしながら相手のボールを外に蹴り出す。蹴り出された人は失格。最後に残った人が勝ち。これもキープ力をつけながら駆け引きや判断力を養うことができる。

<ワンステップ-ワンタッチ>

この練習では，１歩ずつ足を踏み出すたびに１回タッチする。インサイド，アウトサイド，足底などを使い，ボールコントロールする上での足の使い方を工夫し，学ぶ。

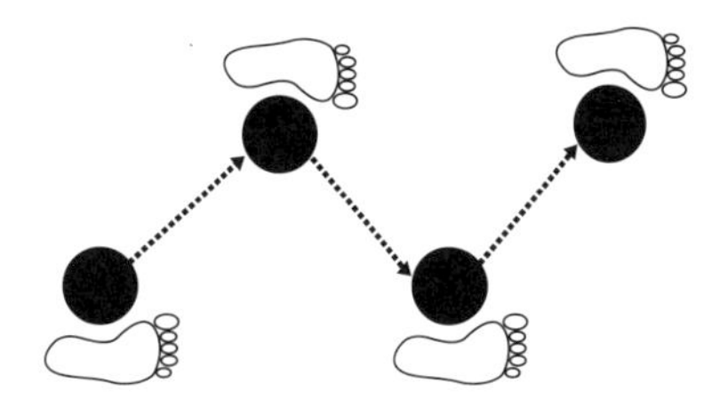
図16　ワンステップ-ワンタッチ

<キープにおける注意点>

敵と離れている場合，視野を広く保ち，上体をできるだけ立てて顔を上げ，状況把握，状況判断をすることが大切である。敵と密着している場合，相手とボールとの間に自分の体を入れてキープし，奪われないようにする。なお，敵から遠いほうの足でボールをコントロールすると奪われにくい。ボールをキープしたら，積極的にドリブルすべき場面なのか，または奪われる危険性があるため，１人で無理せず仲間にパスをするのかといった素早い判断がゲームの流れを左右する。

(4)　フェイント

スポーツの勝敗には，体格や体力といった要素が大きく関わってくる。しかしサッカーの勝敗はそれだけでは決まらない。相手の裏をとるといったように，相手との駆け引きが勝負の行方を左右する。そのため，フェイントはサッカーでも大切な技術の一つである。

ドリブルがある程度できるようになったらフェイントを入れて練習するとよい。

敵をフェイントで抜くイメージができたら，敵を前にして1vs1で抜く練習をするとよいだろう。

以下にサッカーの場面で見られるフェイントやその一例を挙げる。これらを参考に，自分の得意なフェイントをつくってみよう。

ステップを巧みに使ったフェイント：ストップ&ダッシュ，前後左右への細かいステップ

キックフェイント：シュートやパスをすると見せかけて再度ドリブルをする。

ボールをまたぐフェイント：ボールを素早くまたいで右へ行くと見せかけて左へ行く。

体の向きによるフェイント：仲間のいる方向にからだを向け，パスをすると見せかけて，違う方向にドリブルをする。

no-look-passによる欺き：蹴る前に目標物を見るというセオリーを逆手に取ったフェイント

その他：チーム戦術におけるオフサイドトラップ

練習方法

1 vs 1では，DFを1人かわせばシュートを決めることができる絶好の機会であるということを忘れずに，攻撃側が積極的に向かっていく。守備側は攻撃側が慣れるまで厳しくマークせず協力してもよいが，慣れてきたら積極的に奪いにいく。役割を交代し，攻守それぞれの理解を深めることも大切である。

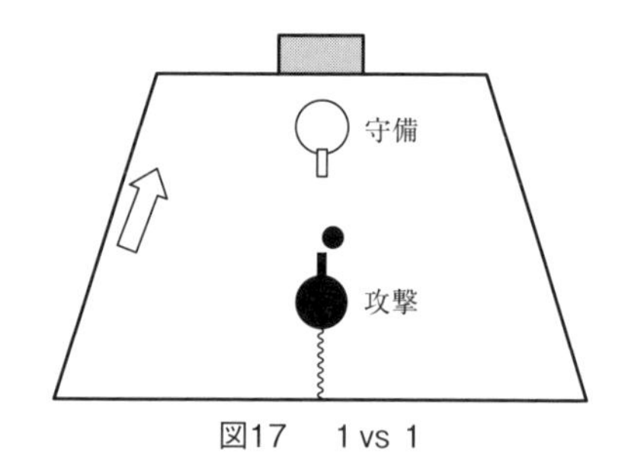

図17　1 vs 1

まずは1 vs 1から始め，次第に2 vs 1や2 vs 2という具合に人数を増やしていき，ミニゲームやゲームへと発展させていってもよい。

ゴールを付けるのもよいし，DFの後ろに横のラインを引き，そのラインを越えたら勝ちというようにしてもよい。

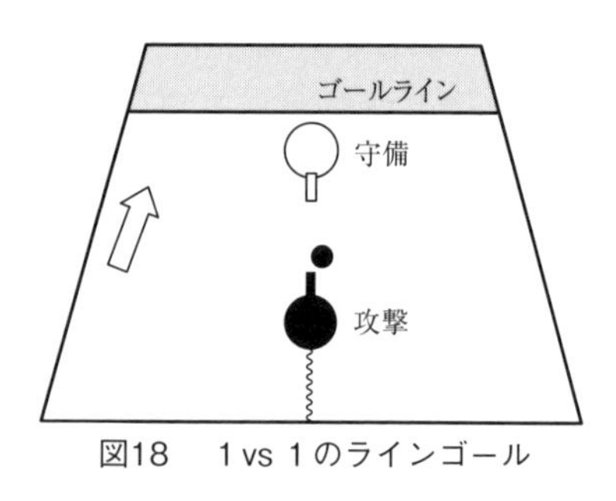

図18　1 vs 1のラインゴール

ポイント

① いつも一定のスピードやリズムだと敵にカットされやすいので，ボールを保持している人も，サポートしている人も，動きには必ず緩急をつけること

② 抜くときの間合いを確認し，どのタイミングで仕掛けるのかを考えながら行う。

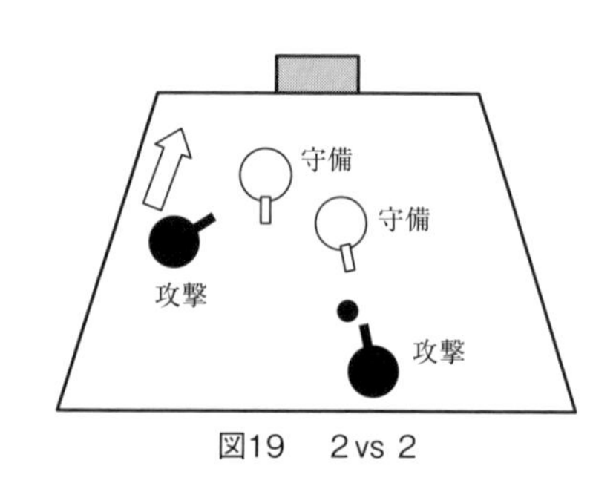

図19　2 vs 2

(5) ヘディング

ヘディングは，ボールの落下地点を予測し，ボールのくるタイミングにうまく合わせることが何よりも重要になる。

頭のてっぺん(頭頂部)ではなく，額でボールをとらえることが大切である。怖がらず，自信を持ち，向かってくるボールをしっかり見てヘディングをする。足を開くとからだが安定してバランスを崩しにくくなる。

4 ゴールキーパー（GK）

<GKに必要な要素>

GKはキャッチング，セービングなどの安定した技術力，フィールドプレーヤーに的確な指示を出すというリーダーシップ，常に冷静に状況を判断する能力，そしてGKとしての運動能力が要求される。さらにもう一つ挙げるとすれば「勇気」である。GKは最後の砦であるため責任が重大である。

<GKの役割>

敵のクロスボールやシュートの処理，1 vs 1の対応，フリーキックの際の守備の組織，またゴールキックやセットプレーなどのリスタートから始まるプレーの組み立て，ディフェンスラインのカバーリング，さらにゲームの状況判断をして仲間を後方から指示するといったコーチングなどが挙げられる。

サッカーのルールは年々少しずつ変わるが，それに合わせてGKもフィールドプレーヤー並に足技が求められてきている。

<GKの戦術>

GKにとってポジショニングは重要である。GKの理想は，セービングせずにゴールを守ることである。なぜなら，セービングした際の，ルーズボールを敵に奪われ，シュートされることを少しでも避けたいためである。

ポジショニングが良ければシュートなどの相手の攻撃に対応しやすくなり，守りが堅くなる。安定した守備は，相手チームにプレッシャーを与えることにもつながっていく。

GKのポジショニング ●●●

ボールと両ゴールポストの中央を結んだライン上に立つ。しかし，初心者は適切なポジショニングを取ることが困難である。正しいポジショニングをつかむうえでは，ゴールポストの位置を確認するのが原則であるが，ゴールエリアのライン，ペナルティーエリアのライン，ペナルティーアーク，ペナルティースポットなども目安にするとよい。

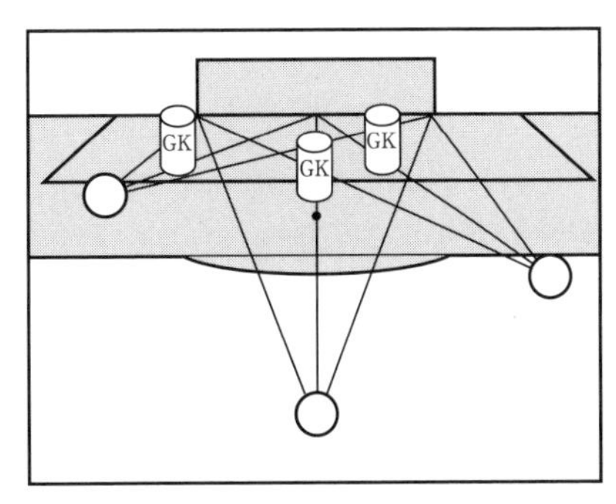

図20　GKのポジショニング

<GKの基本>

GKは状況によってポジションを素早く修正しなければならないことが多い。このような場合，近い距離の移動では細かなサイドステップを踏み，遠い距離の移動ではクロスステップを踏むとよい。また，シュートに素早く対応するため，シューターに正対することも忘れてはならない。

この他にもいくつかの基本があるが，場合によってはそれらがうまくいかないことも多い。そのような場面では，何を一番優先すべきかという優先順位の決定をし，リーダーシップを発揮して周囲の統率を図ることが大切である。

5 システム（フォーメーション）

試合に勝つためには選手の質が重要であるが，その選手のよさを最大限に引き出すのは戦術である。たとえ相手チームの選手たちの技術力が高くても，戦術次第で勝機はある。サッカーは常に発展している。ルールが変わり，選手の技術力や身体能力が向上してきたことで，現代のサッカーは展開が非常に早くなってきた。

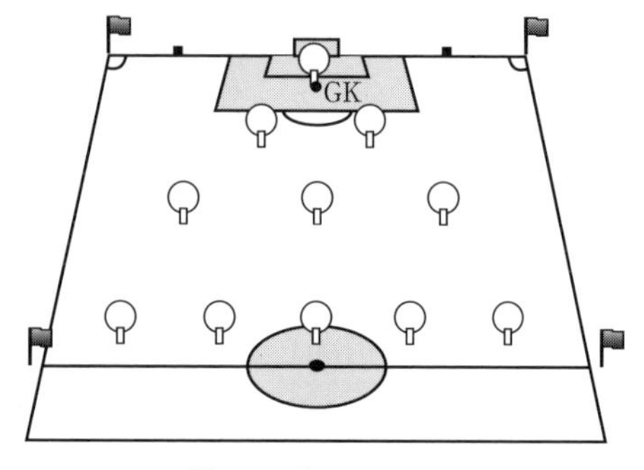

図21　昔のシステム

19世紀，戦術といえばほとんど例外なく攻撃に関することであったため，DF-MF-FWの順に2-3-5のシステムを採用していた(図21)。

当時，前に出したパスは，全てオフサイドという，ラグビーのようなルールであったため，ドリブルでの攻撃が最良の策であった。このように，システムはルールを踏まえてより適しているものへと変化していく。

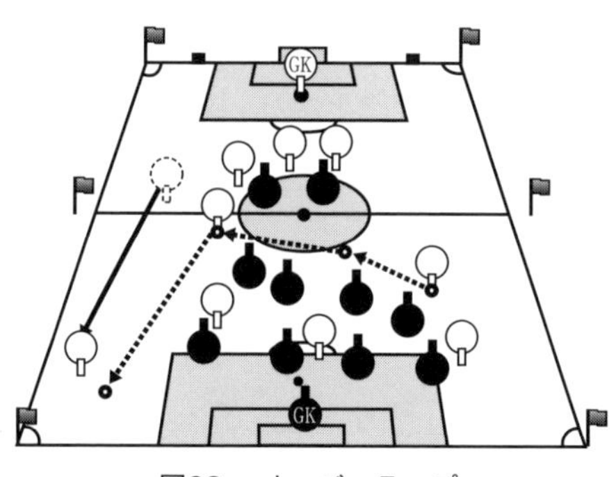

図22　オーバーラップ

近年のシステムはルールの変化とともに大きく変わってきた。ここ数年はどのチームもDFの最終ラインを高く上げ，FWの数を減らし，中盤の選手の密度を高めている。このため守備側にとっては，ボールを奪うための素早いプレッシャーや数的有利な状態をつくりやすい戦術といえる。

それに伴い攻撃側は，敵の最終ラインの後ろに入り込むため，そのオープンスペースにはFWではなくDFがオーバーラップしてきて，以前のウイングの役割であったセンタリング，また場合によってはシュートもしている(図22)。

授業では各チームでポジションを決め，さまざまな練習を通してチームに適したシステムを決め，戦術を立ててゲームにのぞむ。

6 攻 撃

ボールをキープしたら，まずシュートを狙うことが大切である。ドリブルして敵を抜くことや，パスをしてキープすることが目的ではない。あくまでもゴールを奪うことが目的である。すぐにシュートを決められない場合は，最終的にシュートで終われるように，ドリブルやパスを駆使してゴールを目指すことになる。ここではゴールにボールを近づける方法を紹介する。

<クサビのプレーからの展開>

縦パスを成功させても，ボールを受けた人にDFのマークがついている場合は容易に前を向かせてもらえないし，時間がかかり過ぎると敵に囲まれボールを奪われてしまう可能性もある。そのような場合，次のような展開をしてもよいだろう。

aがbにクサビの縦パスを入れる。そのパスが出された瞬間に，cはbのサポートにはいる(できればダイレクトパスを受け取れるタイミングがよい)。

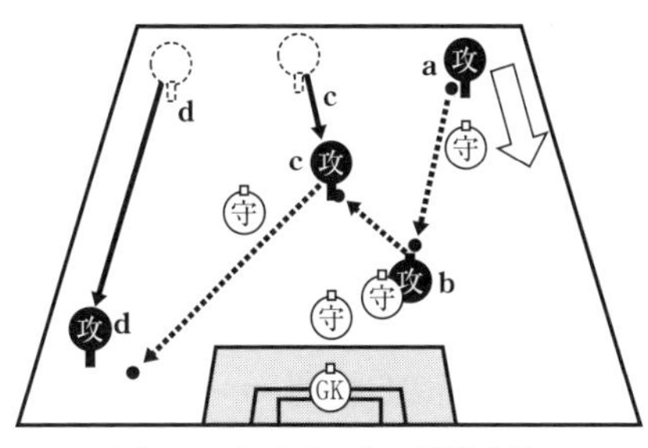

図23　クサビからの展開方法

dはこの状況から次のゲーム展開を予測し，前方のオープンスペースにタイミングを見計らって走りこむ。攻撃cは(今のサイドでは相手を崩せないと判断した場合)，サイドチェンジすべく，dの走り込もうとしている敵の背後のオープンスペースにパスを出す(これをスルーパスという)。

ところで，cやdの動きはいわゆる「第三の動き」とよばれている。彼らの動きは素早いゲーム展開をする上で非常に重要になってくる。これらを成功させるためには，チーム戦術の理解や，周囲のコーチングも非常に大切となる。

<クロスボール（センタリング）>

クロスボールには，ゴールから離れていくクロス，逆に，ゴールに向かっていくクロスがある。さらにニアサイド，ファーサイドに蹴り分けたり，球種を変えたりするなど，組み合わせるとさまざまな攻撃が可能になる。

図24　ゴールにボールが向かうクロスボール

ボールがゴールに向かうクロスボールの場合(図24)，DFがクリアミスすると，得点が入る可能性が高い。また，ボールが少しでも何かに触れて軌道が変わってしまうと，GKが反応しきれず得点が入ることも多くある。

図25　ゴールからボールが離れるクロスボール

逆にゴールから離れていくクロスボールの場合(図25)，攻撃側にとってシュートしやすいボールであるため有効な手段である。

敵の守備の陣形が整っていない場面でアーリークロスを上げた場合，敵のDFは自陣ゴールに体を向けて守備をしなければならない。そのためDFはクリアーしても，相手陣地深くに蹴り返せないし，確実にコートの外に出す場合もコーナーキックを与えてしまうことになり，非常に対応しにくい。

ポイント ●●●

クロスボールはGKとDFの間を狙うと得点が入る確率が高い。なぜならば，このようなクロスボールの場合，守備側はGKとDFのどちらがボールにアプローチするのかはっきりさせないといけないのに，仲間同士の譲り合いや衝突によってルーズボールになりやすいためである。守備側は声を出し合い，意志の統一を図らなければミスを犯してしまう。攻撃側はその点を逆手に取る形となる。

(※これまでクロスボールの有効性について話したが，逆に守備側は得点されないためにもクロスボールを上げさせないことが大切になる。)

7 守 備

(1) 守備の3原則

① インターセプト

敵のパスを読み切ったら迷わず相手の前に出てインターセプトする。しかし，失敗したら危険を伴うという点に注意する。

② ディレイ

数的不利の状況では，1人でボールを取りに行こうとせず，こちらの守備の陣形が整うまで相手の攻撃を遅らせる。一度敵が背中を向けたら再び前を向かせず，ボールをキープさせるかバックパスをさせるような守備をする。

③ アタック

守備の陣形が整ったら積極的にボールを奪いに行く。成功させるためには，自分の間合いをしっかりと把握しておくこと

(2) マークの3原則

以下のものはあくまでも原則ではあるが，この原則に忠実にマークすれば，守備の安定度は増す。

①相手とゴールラインを結んだライン上，つまりゴールへの最短距離にポジションをとる。

②相手とボールの見える位置にポジション

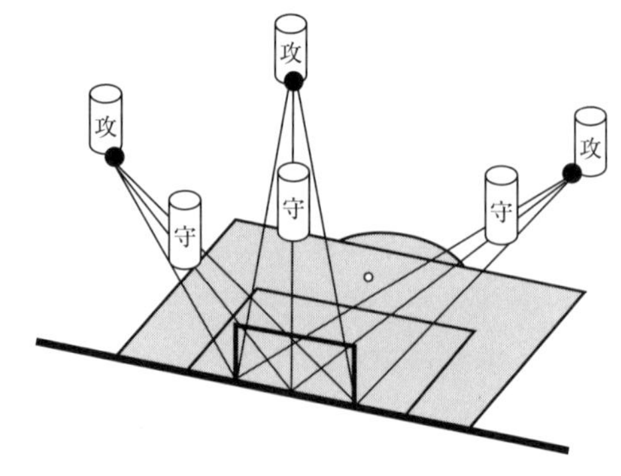

図26 守備のポジショニング

をとる。敵を視野に入れておかなければ背後のスペースに入られて，相手に絶好の機会を与えてしまうことになる。

③インターセプトが可能な間合いにポジションをとる。

8 練習メニューの計画

練習メニューを考える場合，何をしたらいいのか迷ってしまう人がいる。また，何とか作成したとしても，偏った練習を毎日繰り返してしまっていることもしばしば見受けられる。練習をする際は，サッカーの要素のうち，何を練習しているのかを明確にすることも重要である。

ここでは，練習メニューを作成するうえで必要になるエッセンスのみ紹介する。

(1) 練習メニューの作成

練習メニューを考える場合，主に「技術」，「戦術」，「体力」の中から組み合わせたものを作成する。

① 技 術

主にボールを使った基礎練習など。タッチするたびに,よい点や悪い点を確認して修正するように努力する。

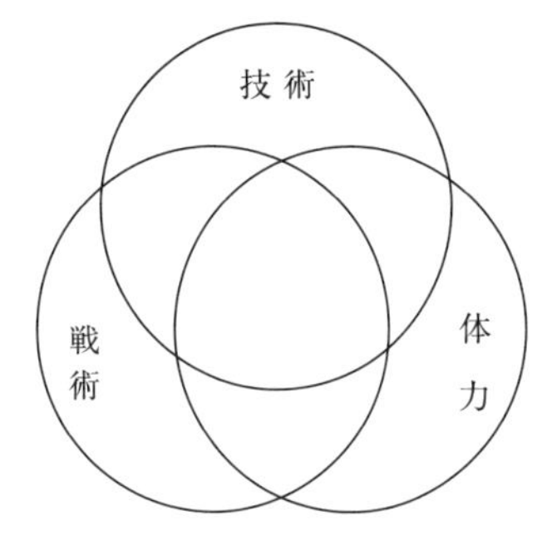

図27 サッカーの構成要素

② 戦 術

戦術には個人戦術と集団戦術がある。

個人戦術について具体的にいうと，ボールを持っていない場合は，相手のマークを外すための駆け引き，スペースづくり，状況判断などである。常に次のプレーをイメージしておくことが大切である。

ボールを持っている場合は，ファーストタッチがそれに相当する。今自分に何ができるのか，何をすべきかを周囲の状況から判断し，実行に移すことが重要である。

集団戦術では，チームとしてどのように攻撃や守備をするのかといった決まりごとをつくり確認しておくことが大切である。たとえシステムが他のチームと同じであったとしても，個人に与えられた役割は，全く同じとは限らない。やはりチームの個性が出てくるものである。

③ 体 力

専門的な体力の向上を図る。サッカーは長時間走り続けたり，突然ハイスピードやミドルスピードで走ったり，さらには急激なストップやターンも要求される。

ミニゲームで負荷が高まるように厳しく，しつこい守備を要求させるなど，できるだけゲームに近い形での体力づくりがよい。また，ゲームに出てくる動きをそのまま抜き出してもよい。さまざまなトレーニング方法があるが，いずれも目的を明確にして，楽しみながら行うことがよい。

〈参考〉④練習はよい習慣づくりである。集中すべきときは最大限に集中しなければならない。集中力とは全力で力むことではなく，意識の持続である。ぼーっとならないように，適宜休憩を入れることを忘れてはならない。休憩も練習の一環である。しかし，一生懸命に集中しようと努力すればするほど，力んでしまい，失敗してしまう人も多い。力んでしまうと，うまくできるはずの動きができず，悪い動きの習慣が身についてしまう。そのためにも，集中とリラックスという，一見すると相反するものを普段から同時に意識して練習することが大切になる。力んで一生懸命やっていれば，自然にうまくなると思っている人もいるかもしれないが，それは間違いである。

(2) さまざまな制限

オールコートでサッカー(ゲーム)だけをやっていても，絶好の機会はそう何度も訪れてはこない。ゲームの最中に訪れる一回のチャンスをものにするためには，場面を抜き出して練習を繰り返し，プレーの質を向上させることが大切である。その際は，ルールをアレンジして行うことになる。

以下にその要素と一例を挙げる。

① 時　間

ゲームのように長時間ではなく，10分や15分といったように短く区切ることで１回ごとに集中して行えるよう工夫する。

② 人　数

ゲームで局所的な場面を見ると，１vs１，２vs２，あるいは３vs２などのように，少ない人数同士で競い合っていることがうかがえる。このように，ゲームに見られる場面を抜き出して工夫する。

③ 空　間

練習内容によってコートを狭くしたり広くしたりする。広いコートでは，広いスペースを有効に利用する練習をする。その反面，トラップが雑になることもしばしば見受けられるので，その点に注意して行う。また，狭いコートでは，相手のプレッシャーがかかる場面の練習をすることになる。いずれの場合も，スペースのつくり方や，いかに数的有利の状況をつくるか考えながら行うようにする。

④ タッチ数

サッカーは，守備の対応の遅れ，または判断の誤りなどの隙を見つけて点を奪う。そのため，敵の守備を崩すには素早い展開が不可欠である。

ゲームではフリータッチだが，アンダー２タッチ(最大２タッチ以内)でパスをする制限を加えると，急にボールの展開が早くなること，さらにはファーストタッチの重要性に気づくであろう。

ファーストタッチをどこに止めるかによって，次のキックが全く変わってくる。当然，ダイレクトで仲間にパスをするという選択肢もある。また，ボールを保持していない選手は，素早くサポートしなければならない。このように，次のプレーへの素早い切り換えが，展開のスピードを上げることになる。プレーを前もってイメージし，適切に遂行するためにも，このような練習で技術力や戦術力を養う必要がある。

⑤　**その他の特別ルール**

ゴールをコーンにしたり，ゴールを正規と違う場所に4か所設定したり，全員がハーフコートを超えていないとゴールを認めなかったりなど，さまざまな工夫をする。

9　トレーニングQ&A

Q1　正確で威力のあるボールを蹴れるようになるには，どんな練習をすればよいのでしょうか。

どの蹴り方にも共通することですが，威力と正確性はインパクトの瞬間に決まってしまいます。蹴る動作の最中は蹴り脚を十分にリラックスさせ，インパクトの瞬間に足部を固定して蹴ります。初めに自分の蹴りやすいフォームで脚を振ります。脚は振り上げるよりも，振り下ろすことに意識を向けて蹴った方が楽に蹴ることができます。次に，ボールを蹴った瞬間，ボールの行く先をすぐに見るのではなく，インパクトした瞬間のボールがあたかもまだその場に残っているかのごとく視線を動かさないようにして，蹴った瞬間の視覚情報と筋運動感覚情報とを記憶します。蹴った結果がよくてもわるくても，2つの情報を検証し，そのズレを次のキックで修正して精度を高めていくことが大切です。(p.43補足参照)

Q2　リフティングをうまくできるようになりたいのです。何に注意をして練習すればよいのでしょうか。

最初にどのようなボールを蹴りたいのかイメージし，手に持っているボールを離して1回だけボールの中心を蹴り上げてキャッチします。その際の注意点はボールから足に向かって伝わってくる感覚情報(ボールから伝わってくる情報で筋運度感覚などの余韻)に意識を集中することです。何度か繰り返すなかで自分のイメージどおりのキックができたら，その感覚を忘れずに再度その感覚を再現するつもりで繰り返しましょう。うまくできる確率が上がってきたら2回連続で蹴ります。2回目(それ以降も同様)のキックも1回目のキックの感覚情報を連続で再現するつもりで蹴ります。意識と感覚を持続させることが大切です。

通常，人はボールが前後左右に上がってしまう場合，多くの注意が視覚情報のみに向かいがちです。そのため足から伝わってくるボールの情報に注意が向きにくくなっています。筋肉痛やその日の体調，気温，グラウンド状況，周囲の人など様々な影響で，われわれがボールから受け取る情報は日々刻々と変化しています。そのため練習前には今日の新鮮な情報をアップデートするつもりで取り組むことが大切です。これらを繰り返していると，知らず知らずのうちにボールコントロールが上達していきます。

Q3　1vs1の守備の場面で気をつけなければならないことは何ですか。

1vs1の守備は場面によって少し対応が違ってきます。例えば，守備が整っている場合は，チームの戦術などで追いつめ，数的優位をつくってボールを奪いに行きます。逆に，守備が乱れている場合は，相手の攻撃を少しでも遅らせ，仲間がフォローに来るまで抜かれないように時間稼ぎをしなければなりません。たとえシュートを打たれたとしても，シュートコースを狭く限定させて，GKがキャッチしやすいように守備をすることが大切になります。しかし，ここで抜かれると危険という場面では，思い切ったアタックも必要になります。

Q4　マークについて簡単に抜かれないようにするには，どうしたらよいでしょう。

フェイントにかからないように，相手選手の腰，またはボールをよく見ることと，相手が動き出すタイミングを読むことが大切になります。相手が仕掛ける前に早く足を出し，かわされることもよくあるため，一度のアタックで取ってしまおうと焦らないことも大切です。なお，アタックする場合，以下の点を参考にするとよいでしょう。相手が抜き去ろうしたときや，キックしようとする最終動作は，比較的大きな動作になっていることが多いので，その瞬間を狙って奪う。また，相手選手が，ボールを受ける前後も狙いどころです。

Q5　パスセンスや状況判断能力をつけるには，何をすればよいのでしょうか。

いつもフィールド全体のイメージをもち，考えながらプレーするとよいでしょう。また練習中では，いつも回りを見る癖をつけ，少しでも多くの情報を得るようにします。例えば，２人でキックの練習をしているとき，ボールを受ける前に周りを見てからトラップをします。この普段の練習の積み重ねが試合における素晴らしい状況判断につながってくるでしょう。

Q6　GKのキャッチングのポイントは何ですか。

GKとしての最大の武器は，手が使えるということです。キャッチングをする際は，ボールを手のひら全体で受け止めるようにします。ボールをキャッチしたら，両腕で抱え込み上体でくるむようにして，確実に自分のものにするのです。

これを確実に遂行するためにも，先に述べたポジショニングがとても大切になります。

Q7　GKのコーチングで必要なことは何ですか。

初めに，チームの戦術や決めごとを確認し合っておくことが大切です。そのうえで，自分の指示を確実に仲間に伝えなければなりません。

例えば，センタリングを上げられた場合，自分が行くのか，DFに行かせるのか，明確な指示を出すことが大切です。自分が出る場合は，大きな声でOKと言いながら，キャッチまたはパンチングで必ずボールに触り，出られない場合は，大きな声でクリアと言いながら，自分はゴールの元のポジションに戻ります。GKはDFの最終ラインをさらに後ろから見ているので，自信をもって大きな声で伝えるようにします。DFが考えているより早く判断をし，指示することが求められます。

参考文献

ゲロ・ビザンツ，ノーベルトフィース著(2002)：田嶋幸三監訳，今井純子訳，21世紀のサッカー選手育成法［ユース編］，大修館書店
加藤久(1993)：基本を学ぶために⑮サッカー，ベースボール・マガジン社
前田秀樹(2003)：サッカーの戦術＆技術，新星出版社
増永正幸編著・森田英夫・坂本雅昭著(2000)：少年サッカー，基礎技術およびケガの予防と対応，相川書房
松木安太郎監修(2001)：ステップ･バイ･ステップでわかりやすい解説　サッカー上達マニュアル，The sport psychologist
大橋二郎，田嶋幸三，掛水隆，赤木真二(1997)：サッカーゴールへの科学 —科学的分析に基づいた確率の高いシュート—，東京電機大学出版局
横浜マリノス編著，柳楽雅幸監修(2000)：Jリーグを目指す！ゴールキーパー，池田書店
財団法人 日本サッカー協会審判委員会(2004)：サッカー競技規則 2004/2005，財団法人 日本サッカー協会

5章　TENNIS

担当：佐久間智央

1　授業のねらい

テニスの授業では，ソフトテニスと硬式テニス(以下テニス)の両方を行う。日本発祥の競技であるソフトテニスを体験することにより，日本の文化としてのソフトテニスを理解することを目標とする。また，テニスを体験することにより，ソフトテニスとの共通点や違いを理解することを目標とする。そして，テニスという身体活動を通して，テニスの技術の向上や，個々人のリーダーシップ，ダブルスのコンビネーションにおけるチームワークを獲得することを目的とする。

2　テニスの歴史

テニス型の球技の起源は，紀元前3000年にまで遡るといわれ，古代エジプト時代にナイル川のデルタ上のチニス(Tinnis)，またはタミス(Tamis)とよばれた町で行われたボールゲームが発展したという説や，ペルシア地方の古い球戯の1つから生まれたなどの多くの説が存在する。

テニスの原型として一般的に知られているのが「ジュ・ドゥ・ポーム(Jeu de paum，手のひらのゲームという意味)」である。このジュ・ドゥ・ポームは，11世紀にフランスの修道院で考え出された。16世紀に入るとジュ・ドゥ・ポームはますます盛んになり，手のひらの代わりにラケットが使われるようになった。ジュ・ドゥ・ポームの人気が高まるにつれ，各地で専用コートが建設された。有産階級は室内のコートを用いて，「クルト・ポーム＝短いポーム」を楽しみ，一般の人々は，公園や野原で「ロング・ポーム＝長いポーム」を行っていた。このロング・ポームが19世紀末のローンテニスへとつながっていった。

ローンテニスの創始者は，英国のウェルター・ウィングフィールド少佐である。ウィングフィールド少佐は，1873年に「スファイリスティク(ギリシャ語でプレーの意味)または，ローンテニス」というパンフレットを配り，これまで統一されていなかったポームのルール，コート，用具の統一を行った。この功績はテニスの誕生に大きな役割を果たし，1902年にヴィクトリア勲章を受章することになり，近代テニスの創始者とされた。

また，ローンテニスの近代化を進めたもう一つの要因として，1877年のウィンブルドン大会の創設である。オールイングランド・クロッケークラブの名誉会長J.W.ウォルシュは，流行の兆しが見えていたローンテニスの大会を開催する。この大会は，アマチュアなら誰でも出場できるオープンシステムにした。大会を開催することに伴い，大会用のルールを決定した。22名の選手が参加した大会は成功をおさめ，これをきっかけに毎年大会が開かれるようになった。これが現在のウィンブルドン選手権大会へとつながった。

ウィンブルドン大会の成功に導かれるように，1881年には全米選手権(現全米オープン)，1891年にはフランス選手権(現全仏オープン)，1880年にはオーストラリア・ビクトリア州で最も古い州選手権がそれぞれスタートしている。

日本のテニスの普及には，軟式テニスが果たした役割が大きい(ソフトテニスの歴史を参照)。軟式テニスの国内普及により，日本におけるテニスの普及が進み，のちにローンテニスが国内でも普及していった。特に，1959年の皇太子(平成天皇)と美智子妃のテニスコートロマンスにより，テニスは爆発的なブームとなり，テニスコートの増設，テニス人口の増加へとつながった。

3　ソフトテニスの歴史

ソフトテニスは日本発祥のスポーツである。日本でソフトテニスが行われ始めた経緯について説明する。1878年，日本政府の招きで来日したアメリカ人，G.A.リーランド氏が，1879年に開設された体操伝習所のために，わざわざアメリカからローンテニスの用具を取り寄せて学生に教えたことが，初めて日本にローンテニスが行われたとされている。ローンテニスのボールは，輸入品であったため，入手しにくく，国内での製造も技術的に無理であった。それに加え，経済的にも問題があったため，ローンテニスのボールの代用品として，比較的入手しやすい手まり用のゴムボールを使用したのが，ソフトテニスの発生となった。体操伝習所(現筑波大学)には，長い間「日本テニス発祥の地」という立て札があったといわれている。

1990年，アジア競技大会の公開競技としての開催，1994年のアジア競技大会にて正式種目実施がほぼ確定したことなど，世界の多くの地域でソフトテニスの普及が進んだことから，この機会にこれまで競技名称として使われていた「軟式庭球」から「ソフトテニス」に競技名称を統一された。

ソフトテニスの国際化が進むにつれ，ルールも変更を繰り返されてきたが，2004年にソフトテニスハンドブックが作成されてからは，現在までにルールの改定は行われていない。

2017年現在，ソフトテニスの公式国際大会としては，オリンピック同様，4年に一度開催される大会として，世界選手権，アジア競技大会，アジア選手権の3大会がある。

日本におけるソフトテニスの競技人口であるが，高校生の競技人口は約8万人，中学校の部活動において，女子では約19万人で第1位，男子では，約18万人でサッカー，軟式野球，バスケットボールに次いで，第4位という現状である。

また，日本連盟に登録している競技人口は，45万人といわれる。そして，ソフトテニス愛好者が推定700万人を超えるといわれており，ジュニア層，中高齢者層にも根強い人気があるといわれている。これらのことから，ソフトテニスは日本で発祥したスポーツとして，幅広い層・多くの人々に楽しまれているスポーツであるといえる。

4　テニスコートについて

ソフトテニスおよびテニスで使用するコートは，共通のコートである。

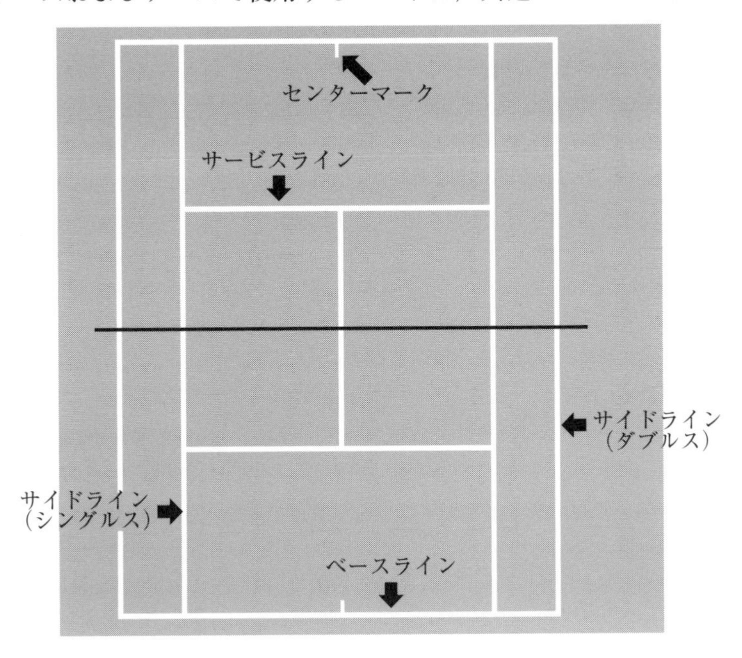

5　パワーポジションについて

ソフトテニス，およびテニスでは，相手から打たれたボールに瞬時に反応し，ボールに素早く追いつくことが求められる。そのため，最も安定して力が入る姿勢である待球姿勢，いわゆるパワーポジションをとることが重要となる。また，自分がコート上のどの位置にいるかによって，パワーポジションが変わることを理解しなければならない。

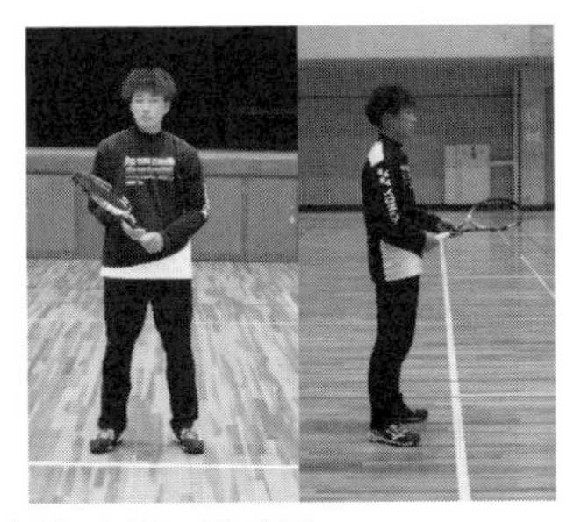

パワーポジションの良い例（左）と悪い例（右）

ネット前のパワーポジション

① ベースライン付近

ワンバウンドしたボールを返球するために，膝は曲げすぎず内側に入れ，やや前傾姿勢をとる。

② 中間（サービスライン）付近

低く速いボールをノーバウンドで返球するため，やや前傾姿勢で肩幅よりも広く足幅をとる。そして，膝をグッと曲げ，腰を落とす。

③ ネット前

ネット上を通過するスピードボールやスマッシュボールに素早く対応するため，足幅は，肩幅くらいに開き，膝を緩めて伸ばしておく。

6 グリップについて

ラケットの握り方をグリップという。グリップには，ウェスタングリップ，セミイースタングリップ，イースタングリップ，コンチネンタルグリップといった種類があり，それぞれの特徴を下記に示す。

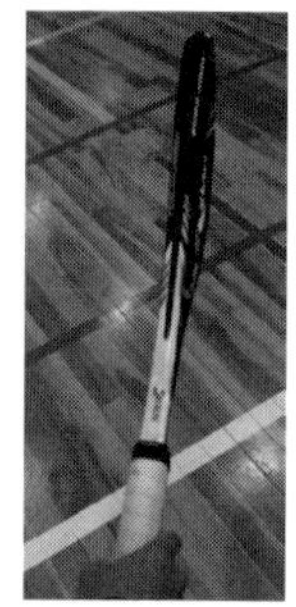

ウェスタングリップ（左）とイースタングリップ（右）

表1　プレーとグリップの関係

名称 ＼ プレー	厚い ←			→ 薄い
	ウェスタン ラケットと地面が水平に握る	**セミイースタン** ウェスタンとイースタンの中間	**イースタン** 地面に対して垂直に握る	**コンチネンタル** イースタンよりも薄く握る
グランドストローク	・ストローク全般の安定性と攻撃性	・フォアハンドストローク	・バウンドの低いボールの処理 ・スライスショット	
サービス	・フラット，リバースサーブに適している	・高い打点でのサービス	・スライス，ショルダーカット，アンダーカットサービス	・サービス全般(テニス)
ボレー	・ボレー全般（ソフトテニス) ・身体に近いボールの処理 ・身体から遠いバックボレー(ソフトテニス) ・バックローボレー（ソフトテニス)	・身体から遠いフォアボレー（ソフトテニス) ・フォアローボレー	・ボレー全般(テニス) ・身体から遠いフォアボレー（ソフトテニス)	・ボレー全般(テニス) ・特に至近距離でのボレー
スマッシュ	・浅いロビング ・バックスマッシュ（ソフトテニス)	・高い打点のスマッシュ ・深いロビングを強打できる ・リストを使いやすい	・高い打点のスマッシュ ・深いロビングを強打できる ・リストを使いやすい	・スマッシュ全般（テニス) ・リストを使いやすい
フォロー	・身体に近い裏面を使ったフォロー（ソフトテニス)		・身体から遠い裏面を使ったフォロー（ソフトテニス)	・フォロー全般(テニス)

(最新版ソフトテニス指導教本(2014)の表を参照し，筆者加筆)

注)ソフトテニスとテニスのグリップにおける大きな違いは，ラケット面の使い方である。
①ソフトテニスの場合は，フォアハンド，バックハンドとも同じ面でボールを打つ。
②テニスの場合は，フォアハンド，バックハンドそれぞれ違う面でボールを打つ。

7　ゲームの流れと技術について

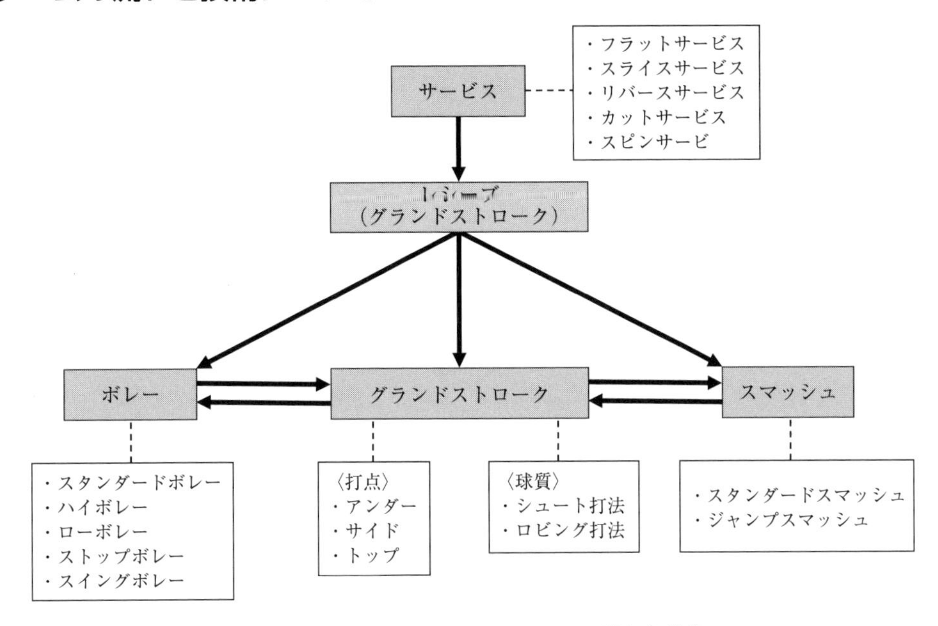

図1　ソフトテニス・テニスのゲームの流れと技術
（新版ソフトテニス指導教本(2009)の図を参照し，筆者加筆）

①　ゲームの流れについて

ソフトテニス・テニスにおけるゲームの流れについてであるが，ともにサービスからゲームが始まる。サーバーが打ったサービスをレシーバーは，ワンバウンドでストロークを用いて返球することをレシーブという。レシーブが成功した後は，グランドストローク・ボレー・スマッシュのいずれかを用いてゲームを展開していく。

②　サービスについて

サービスには大きく分けて5つの打ち方がある。

A.　フラットサービス

回転をかけずに前方へ力強く振りぬいて打つ。最もスピードが速いサービスであるが，その分精度を高めるのが難しいサービスである。

B.　スライスサービス

横回転をかけてこするように打つ。回転がかかっているため，速度は落ちるが，精度が高いサービスである。ボールのバウンド後は，利き手と逆の方向へ跳ねるのが特徴である。

C.　リバースサービス

スライスサービスとは逆の横回転をかけてこするように打つ。スライスサービスとは逆の方向(利き手方向)へ跳ねるのが特徴である。

D. カットサービス

自分の肩より下の打点で下回転または横回転をかけてこするように打つ。最もスピードが遅いサーブとなるが，着地後，ボールが跳ねない，鋭く曲がるなどの特徴がある。

E. スピンサーブ

縦回転をかけるようにボールの下から上にこすり上げて打つ。着地後は，利き手方向に大きく跳ねるのが特徴である。

フラットサービスのフォーム

アンダーカットサービスのフォーム

③ グランドストロークについて

グランドストロークには，利き手側に飛んできたボールを打ち返すフォアハンドストロークと，利き手とは反対側に飛んできたボールを打ち返すバックハンドストロークの2つに分けられる。

また，打点も3か所存在する。

A. トップ

自分の肩付近でボールを打つこと。チャンスボールなどを強く打ち返す際に用いる。

B. サイド

サイドは，基本的な打点となり，自分の腰から膝の間で打つ。

C. アンダー

膝より下でボールを打ち返す打点のことである。このアンダーは，相手のボールが短い時などの処理の際に用いられる。

※正面から見たフォアハンドストローク

側面から見たフォアハンドストローク

正面から見たバックハンドストローク

側面から見たバックハンドストローク

そして，グランドストロークには球種の違いもある。

A. シュート打法

この打法は，ネットの近くを通す低い弾道のショットであり，より攻撃的なボールとなる。

B. ロビング打法

この打法は，ネットから遠くを通す高い弾道のショットである。相手が攻めてきたボールに対して，時間を作りたいときや，相手を走らせたいときに用いるショットである。

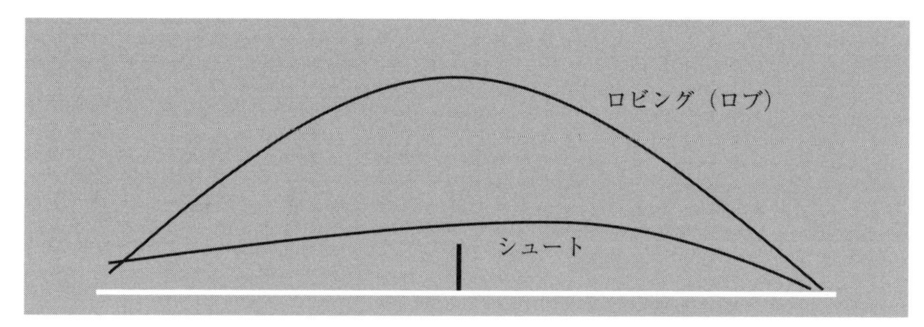

図3　シュート打法とロビング打法のボールの軌道

トップフォアハンドストローク

ロビングを打つ際のフォアハンドストローク

④　ボレーについて

ボレーとは，相手からのボールをノーバウンドで打ち返す技術のことである。ボレーも打点の違いで種類が分けられる。

A. スタンダードボレー

このボレーは，自分の顔付近のボールを処理するときに用いられる。

B. ハイボレー

ハイボレーとは，自分の顔よりも高いボールを処理するときに用いられる。

C. ローボレー

ローボレーとは，自分の腰から膝までの高さのボールをノーバウンドで処理するときに用いらる。

D. スイングボレー

このスイングボレーは，自分の肩から腰の間に来た緩いボール(チャンスボール)を処理するときに用いらる。

フォアボレー

バックボレー

⑤　スマッシュについて

スマッシュは，相手がロビングを上げてきたときに，ノーバウンドで頭の上から叩きつけるように打つ技術である。得点するうえで，決定打となる技術である。

8　ゲームの方法

スマッシュ

テニスおよびソフトテニスのサービス順はトスで決定する。トスとはサーブの順序を決めるために行うクジのことである。プロの試合ではコインでスムース(表)，ラフ(裏)を決める，アマチュアではラケットのグリップエンドをコイン代わりにして決めている。言い当てたら，サービスの権利もしくは自分の好きなコートを選択できる。

〈ポイントの進み方〉

4ポイント1ゲームとしてゲームが進められる。

テニスの場合は,0(ラブ)→15(フィフティーン)→30(サーティー)→40(フォーティー)の順で点数が加算されていく。

ソフトテニスの場合は，0(ゼロ)→1(ワン)→2(ツー)→3(スリー)の順で点数が加算されていく。

テニスの40-40(フォーティーオール)，ソフトテニスの3-3(スリーオール)のときには，デュースとなり，2ポイント差がつくまでそのゲームの決着がつかない。

テニスでは，6ゲーム1セットとして計算される。多くの場合，2セットあるいは3セット先取でゲームが進められるため，試合時間が2時間～ 3時間続くこともある。一方，ソフトテニスでは，セットというルールではなく，4ゲームあるいは5ゲーム先取でゲームが進められることが多く，テニスよりもゲームの時間が短いことが特徴として挙げられる。

〈シングルスゲームの方法（テニス・ソフトテニス共通）〉

シングルスゲームとは自分と相手の1対1で行うゲームのことである。自分と相手がゲームごとにサーブを交互に繰り返す。

〈ダブルスゲームの方法〉

ダブルスゲームとは，2人1組のペアになって，相手ペアと2対2で対戦するゲームのことである。

テニスの場合は，1ゲームが終わるまでサーブを打つ選手は代わることができない。

ソフトテニスの場合は，サーブ権をもっているペアのなかで2ポイントごとにサーブを打つ人を代えなければならない。

〈ボールのジャッジ〉

ボールがどのようなときにアウト，あるいはインとしてジャッジするかの基準について説明する。

テニスおよびソフトテニスでは，少しでも該当するラインにボールが触れていれば，すべてインとジャッジされる。ジャッジが難しい場合は，一連のプレーが終わってからボールの跡を確認するなどのジャッジをするように心がける。

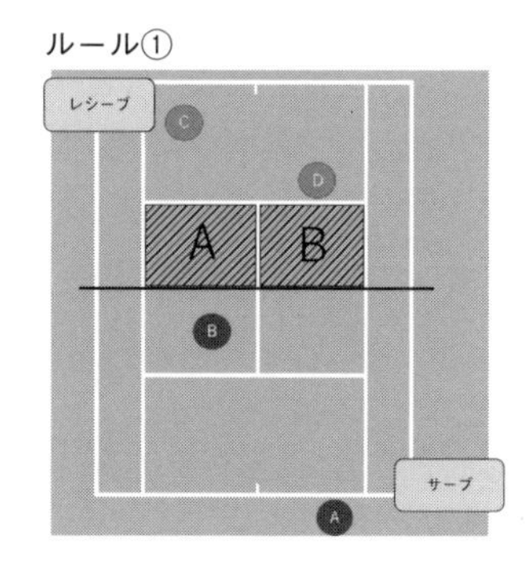

ルール①

～試合前に行うこと～

①じゃんけんでサーブ権を決める。

②サーブを行うペアは，どちらが先にサーブを行うかを決める。

③レシーブを行うペアは，レシーブを行う位置を決める(斜線A or B)。

＊一度レシーブの場所を決めたら，試合中にレシーブの場所を変更することはできない。

＊つまり，ゲーム開始後，
プレーヤー Cが斜線Aでレシーブを行った場合，斜線Bのコースでレシーブを行うことはできない。

ルール②

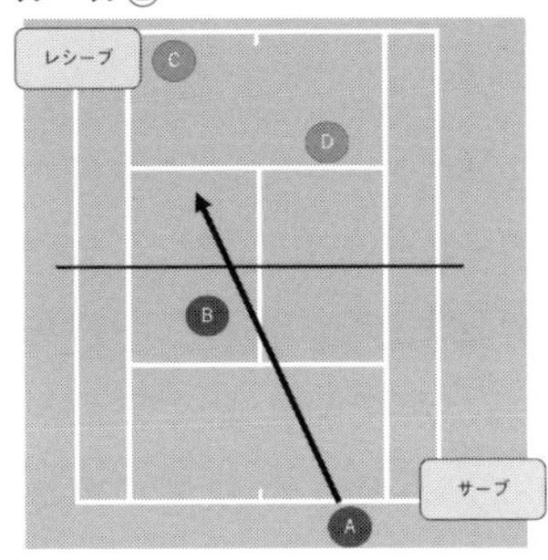

ルール②

～試合開始後～

ゲームが始まる1ポイント目(0 - 0の場合)は，必ずセンターマークの右側からサーブを打つ。

ルール③

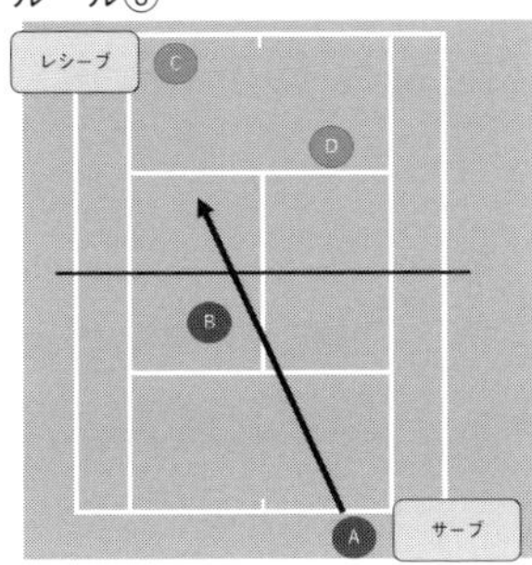

ルール③

～試合開始後～

以下のポイント時は，

センターマークの右側からサーブを打つ。

0 - 0，15 - 15，30 - 0，30 - 30，40 - 15，デュース

ルール④

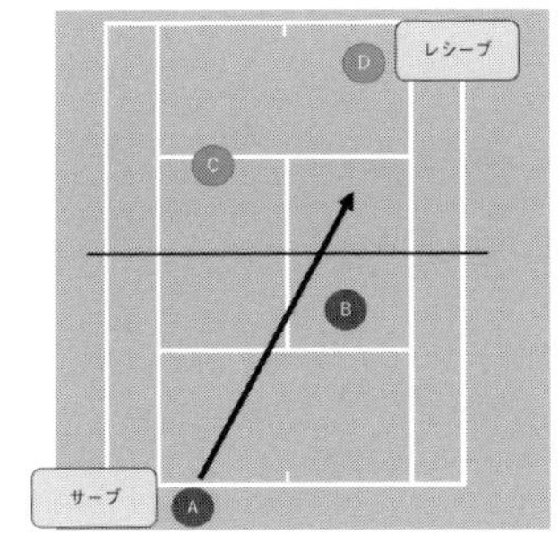

ルール④

～試合開始後～

以下のポイント時は，

センターマークの左側からサーブを打つ。

0 - 15，0 - 40，15 - 30，30 - 40，アドバンテージ○○

つまり，，，

1ポイント毎に，センターマークの右→左→右→左→・・・と，交互に打つ。

ルール⑤

～授業での特別ルール～

限られた時間の中で，すべての学生にサーブを打つ機会を設けたいため，以下のルールを採用する。

サーバー側は，2ポイント毎にサーブを打つ人を交替する(ソフトテニスのルール)。

ルール⑤

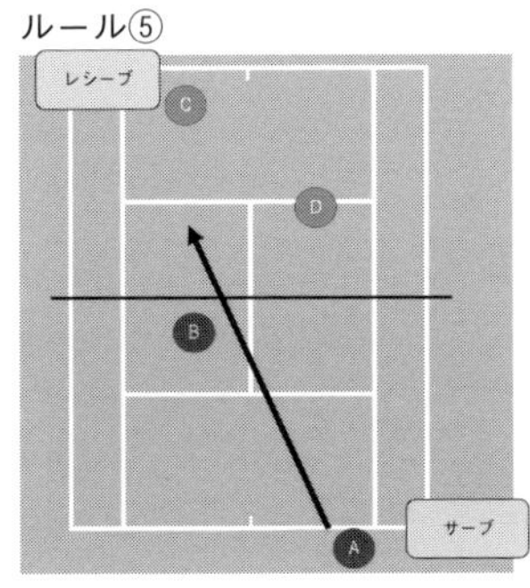

つまり，，，

1ポイント目(センターマーク右側)，2ポイント目(左側)は，プレーヤー Aがサーブ

3ポイント目(右側)，4ポイント目(左側)は，プレーヤー Bがサーブ

5ポイント目(右側)，6ポイント目(左側)は，プレーヤー Aがサーブ

〈セルフジャッジについて〉

セルフジャッジとは，審判がいない試合を行う際に，互いのプレーヤーが自分のコートをジャッジすることである。

セルフジャッジはネットを挟んで，自分のコートサイドをジャッジする。したがって，相手コートは対戦相手がジャッジする。

自分でジャッジできなかった(インかアウトかわからなかった)場合は，すべてインであり，プレーを続行しなければならない。

アウト，フォールトのコールは瞬時に大きな声でコールしなければならない。

また，サーバーは，新しいポイント，ゲーム，セットが始まる前にカウントをコールする。

参考文献

神谷勝則監修(2015)基本が身につくテニス練習メニュー200，池田書店

神崎公宏監修(2016)基本が身につくソフトテニス練習メニュー200，池田書店

公益財団法人日本ソフトテニス連盟(2014)最新版ソフトテニス教本，ベースボール・マガジン社

中本圭(2016)新しいテニス入門，池田書店

財団法人日本テニス協会(2008)新版テニス指導教本，大修館書店

財団法人日本ソフトテニス連盟(2009)新版ソフトテニス指導教本，大修館書店

6章　GOLF

担当：藤原光一郎

1 小 史

ゴルフの起源については諸説あり，「いつ」，「どこで」発祥したものなのか明確な答えは今のところ存在しない。しかし，ゴルフというものを競技スポーツとして考えた場合，起点はゴルフ最古の規則が制定された英国だと考えられる。

この規則は最古のゴルフ倶楽部といわれる“The Honorable Company of Edinburgh Golfers”によって1744年に定められたもので，13の条項から構成されている。10年後の1754年にはゴルフのメッカである“The Society of St Andrews Golfers（現在のThe R&A)”が設立されており，今日においてもゴルフ界の中枢的役割を担っていることから，ゴルフという競技がどの国を中心として発展していったのか容易に理解することができる。

しかし，英国のみがゴルフ界を引っ張ってきたのかといわれればそうともいえない。1894年に米国で設立された“The United States Golf Association (USGA)”は，前述した“The R&A”と1952年にはじめて世界共通の統一規則をつくったのである。この2つの機関は今なお，4年に1度の規則改定の大役を担っているのである。

ところで我が国においてはいつ頃ゴルフが入ってきたのか。それについては史家の情報から辿るに1901年と，わずか1世紀程度しか経っていないのだから驚きである。日本で最初にゴルフをしたといわれる英国人の茶商アーサー・ヘスケス・グルームが，友人とゴルフをするために神戸の六甲山にある別荘のかたわらに4ホールの私設コースを造ったのが始まりといわれている。今日においては松山英樹選手や石川遼選手，畑岡奈紗選手や鈴木あい選手といった男女ともに若い選手が日本ゴルフ界を大いに盛り上げていることもあり，国内でのゴルフ人気や注目度はより一層高まっている。

しかし，ひとたび世界規模でゴルフを振り返ってみると，サッカーや野球といったいわゆる“大衆スポーツ”の仲間入りをするのは実はこれからなのである。“スポーツの祭典”といわれる近代オリンピックにおいて，ゴルフはまだ世界規模での開催とはいえない第2回パリ大会（1900年）と第3回セントルイス大会（1904）でしか競技が行われておらず，112年の時を経た第31回リオ五輪（2016）でようやく復活することとなった。そのことが世界各国におけるゴルフ人気の高まりと深い関係があることは言を俟たないことである。

西　暦	主　な　出　来　事
1744	世界最古のゴルフ規則が制定された。(英国)
1754	“The Royal And Ancient Golf Club of St Andrews”が設立された。(英国)
1860	第1回全英オープンがプレストウィックで開催された。(米国)

1894	全米ゴルフ協会(USGA)が設立された。(米国)
1895	第1回全米オープンがニューポートで開催された。(米国)
1896	近代オリンピックがアテネで初めて開催された。(五輪)
1900	ゴルフがはじめて競技種目として第2回パリ大会で実施された。(五輪)
1901	日本で最初のゴルフ場がアーサー・ヘスケス・グルームによって造られた。(日本)
1904	第3回セントルイス大会で2度目の競技実施。(五輪)
1916	第1回全米プロゴルフ選手権がニューヨークで開催された。(米国)
1924	日本ゴルフ協会(JGA)が設立された。(日本)
1927	第1回日本オープンが神奈川県の程ヶ谷で開催された。(日本)
1934	第1回マスターズ・トーナメントがオーガスタで開催された。(米国)
1952	"The R&A"と"USGA"により，世界で初めてのゴルフ統一規則が誕生した。(英国・米国)
2016	第31回リオ大会で112年ぶりに競技種目として復活。(五輪)

2　規則（ルール）

(1)　ゴルフ規則の根底にある精神

ゴルフの世界統一規則が1952年に適用されたことは前章ですでに述べた通りであるが，その後何度か規則の追加，変更が行われ，今では4年に1度の周期で規則が改正されている。規則というものはどの競技においても明確に定められてはいるものの，技術や用具の発達に伴いプレー自体が変化し，その都度見直しが必要になるからである。現行の規則は2012年からのもので，61の定義と34の規則にまとめられている。この間にもすでに2016年からの規則について話し合いが行われており，すでに適用が決まっているものすら存在するのである。

とはいえ，ゴルフの本質を揺るがすような変更はこれまでも，そしてこれからも起こりえないだろう。もしそれが起こったとすれば，ゴルフはゴルフでなくなってしまうからである。ゴルフには，他の競技には見られない特殊な一面がある。それは，「エチケット」である。ほとんどの場合レフェリーの立会いなしにゲームが行われるため，プレーヤーはその誠実さをもって規則を守り，他のプレーヤーに対しても常に気を配ることで，ゲームの進行役を自ら担うのである。もしそれを怠った場合，「罰打」や「競技失格」という厳しい処罰を受けることとなる。

～ゴルフの精神～

ゴルフはほとんどの場合レフェリーの立ち会いなしに行われる。また，ゴルフゲームは，プレーヤーの一人一人が他のプレーヤーに対しても心配りをし，ゴルフ規則を守ってプレーするというその誠実さに頼っている。プレーヤーはみな，どのように競い合っているときでもそのようなことに関係なく，礼儀正しさとスポーツマンシップを常に示しながら洗練されたマナーで立ちふるまうべきである。これこそが正に，ゴルフの精神なのである。

(JGAゴルフ規則より・原文ママ)

(2) プレーグラウンドと主な規則

ゴルフのプレーグラウンドは基本的には18ホールで構成され，前半の9ホールを「アウト」といい，後半を「イン」という。これらのホールは全て異なる地形となっているものの，ショートホール，ミドルホール，ロングホールの3つに大別することができる。単純に距離により分けられている3つのホールでは，それぞれ規定打数というものがあり，ショートは3，ミドルは4，ロングは5打となっており，その打数でホールアウトすることができればそのホールは「パー」となる。ホールアウト時の結果をホール別にまとめると下記のようになる。

1打	2打	3打	4打	5打
ホールインワン	バーディー	パー	ボギー	ダブルボギー

～ショートホール（規定打数3打）の場合～

2打	3打	4打	5打	6打
イーグル	バーディー	パー	ボギー	ダブルボギー

～ミドルホール（規定打数4打）の場合～

2打	3打	4打	5打	6打
アルバトロス	イーグル	バーディー	パー	ボギー

～ロングホール（規定打数5打）の場合～

(3) ロングホール（規定打数5打）の場合

プレーヤーは各ホールにおいて，スタート地点となるティーインググラウンドからカップインするまでに何打を要したのかを競い合い，全18ホールを回って最終的に打数が少なかった人が勝利するのである。よくテレビで目にする「−10」などというスコアは，規定打数72よりも10打少なくホールアウトしたことを意味する。つまり，逆に「＋10」の場合，ホールアウトするまでに82打を要したことになるのである。

<一般的なコースの構成>

1　ティーインググラウンド（スタート）
2　ラテラルウォーターハザードラフ（川）
3　ラフ（芝目が長く打ちづらい）
4　OB（コース外のこと）
5　バンカー（砂地で打ちづらい）
6　ウォーターハザード（池）
7　フェアウェイ（短い芝で打ちやすい）
8　グリーン（パターでカップインを狙う）
9　ピン（旗竿のこと）
10　ホール（カップのこと）

＊2, 5, 6を総称してハザードとよぶ。

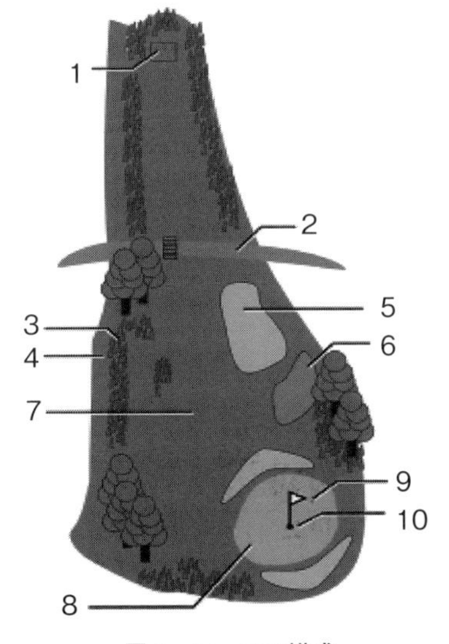

図1　コースの構成

<罰打が科せられる主な例>

打ったボールがOBエリアに入ってしまった。	1打罰で打ち直し
ウォーターハザードにボールが入ってしまった。 ラテラルウォーターハザードにボールが入ってしまった。	①そのままプレー ②1打罰
2度打ちしてしまった(2回当たった)。	1打罰
空振りをしてしまった。	1打として数える

3 用 具

ゴルフをプレーするために必要な用具は実はそれほど多くない。ここでは,「クラブ」「ボール」「ティー」について紹介する。

(1) クラブ

ゴルフで使用するクラブは大別すると3つのカテゴリーがあり,「ウッド」,「アイアン」,「パター」で構成される。しかし,大自然のなかにあるがままに存在するゴルフコースを攻略するため,各クラブカテゴリーにおいては,場面や状況に応じて使い分けができるようさまざまな種類のクラブが存在する。自ら準備したそれらのクラブのなかから,プレーヤーは状況に応じて適切なクラブを選び,ボールを打つのである。

① ウッド：W

従来はヘッド部分が木製だったために,ウッド(Wood)とよばれている。現在はチタンやカーボンといった素材が主流となっているものの,呼称は未だそのままとなっている。

<ドライバー：1W>

特徴：1番ウッドのこと。他のクラブには番手(クラブにつけられた数字)がヘッドに記されているものがほとんどだが,1番ウッドには記されていないことが多い。ロフト角が記されているケースが多い。

用途：主にティーショットの1打目でとにかく飛距離を稼ぐために使用する。2打目以降のフェアウェイでも打つことはできるが難しく,あまり用いられない。

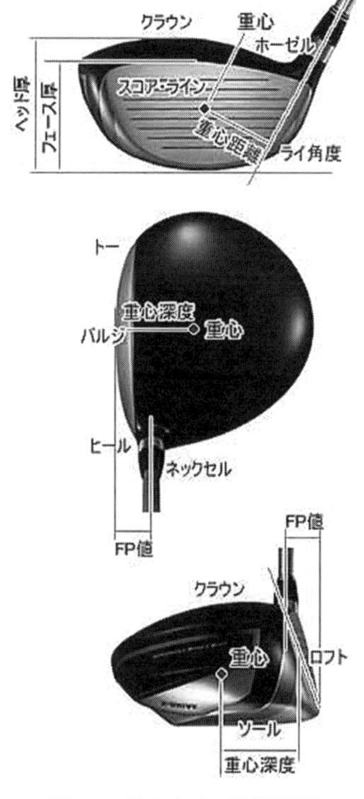

図2 ドライバー用語図解

＜フェアウェイウッド：FW＞

特徴：1番ウッド以外を総称してフェアウェイウッドとよぶ。番手（数字）が大きくなればなるほど短い距離を打つために設計されている。

用途：主にフェアウェイから飛距離を稼ぐために用いられる。同じロフト角のアイアンに比べて高い弾道の打球になるため，グリーンで止まりやすい。

＜ユーティリティー：UT＞

特徴：ウッドとアイアンの中間的なクラブで，ロングアイアン（2Iや3I）やフェアウェイウッドよりも安定したショットで飛距離を稼ぐことができるとされ，近年人気が高まっているクラブである。

用途：主にフェアウェイから飛距離を稼ぐために用いられる。フェアウェイウッドほど高い弾道にはならないが，シャフトが短いため打ちやすい。

② アイアン：I

＜アイアン：I＞

特徴：クラブの球を当てるフェイス部分が鉄製だったためにアイアン（Iron）とよばれている。現在でも軟鉄やスチールが用いられてはいるものの，チタンやステンレスなどが用いられているものもある。番手（数字）が大きくなるほど短い距離を打つために設計されている。具体的にいうと，ロフト角が大きくなるため球が浮きやすく，同じスイングをした場合飛距離が短くなるのである。またシャフトの長さも短くなっていくため，スイングしやすくなる。

用途：アイアンはホール（カップ）に向かって正確に打つために用いられる。

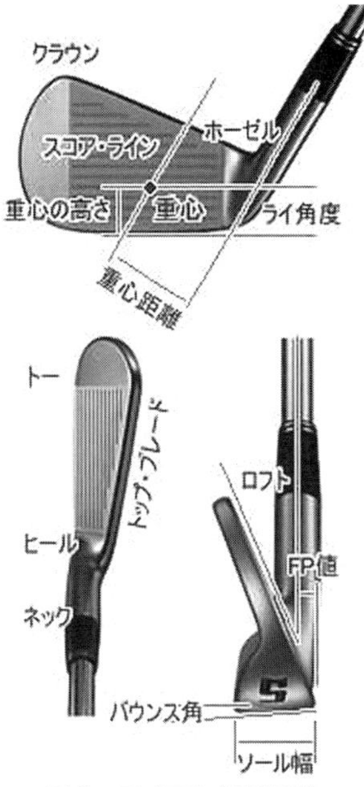

図３　アイアン用語図解

＜ウェッジ：W＞

特徴：ウェッジとは，9番アイアンよりも下の番手の総称である。ロフトが大きく比較的容易に高い打球を打つことができる。

用途：ホールに寄せるアプローチショットでよく用いられる。またサンドウェッジはバンカーショットの際に用いられる。

ロフト	名　称
～40°	アイアン(1I～9I)
44°～	ピッチング・ウェッジ(PW)
49°～	ギャッジ・ウェッジ(GW) アプローチ・ウェッジ(AW) ピッチング・サンド(PS)
54°～	デュアル・ウェッジ(DW)
56°～	サンド・ウェッジ(SW)
60°～	ロブエル・ウェッジ(LW)

図４A　ピン型パター：操作性がよいのが特徴

図４B　大型ヘッドのパター：スイートスポットも広く，ヘッドの余計な動きを抑制してくれる

③　パター

パターはグリーンでボールをホール（カップ）に入れるためのクラブである。一般的に用いられるピン型と近年人気の大型ヘッドではそれぞれ特徴が異なる。

(2)　ボールとティー

ゴルフボールは表面に無数のくぼみ（ディンプル）が付いている。これがあることにより，ボールは安定して高く飛ぶのである。また，第1打でティーショットを打つためには，ボールを乗せるためのティーが必要となる。ティーとは，ボールを乗せて地面に指すクギのような形をしており，木製のものやプラスチック製のものがあり，長さもさまざまである。

図５　ボールとティー

4　プレー

初めてゴルフをプレーしようとする人は概して，ボールに「当てる」ことに対する不安を口にする。いくら止まっているとはいえボールは小さく，ボールを当てるフェイス面は卓球のラケットよりも小さく，そしてクラブのほとんどは野球のバットよりも細長いからである。しかしそれよりも問題なのは，自分自身がきちんとスイングできているイメージを持てていないことにある。そこで，ここでは少しでもそのイメージを抱くことができるよう，グリップ（握り方），アドレス（構え方），スイング（振り方），の3つのポイントを紹介する。

※ここで紹介するものは全て右打ち(立った時に左手方向に打球を打つ)の場合である。左打ちの場合は逆になることに注意すること

(1) グリップ

ゴルフをプレーするにあたり，どのようにグリップを握るかは重要なポイントである。グリップには果たすべき役割が2つあり，1つはクラブを手の中でいかに安定させられるかということ，もう1つはリストコックができる可動域を確保することである。これらができれば安定したスイングへと繋げることができるのだが，初心者にはなかなかこれが難しい。そのため，まずは以下に紹介するグリップの中から自分に適したグリップを模索することからスイングの形成は始まる。

＜インターロッキンググリップ＞

グリップがぐらつかないよう，右手の小指と左手の人差し指をからませて握る方法のこと。ビギナーや力の弱い人向けのグリップではあるが，かのタイガー・ウッズも用いている。

＜オーバーラッピンググリップ＞

右手の小指を左手の人差し指と中指の間に置いて握る方法で，最もよく使われている。

＜テンフィンガーグリップ＞

別名，「ベースボールグリップ」ともよばれるこのグリップは，手前から左手5本指，右手5本指の計10本指でそのまま握る方法である。力の弱い女性や年配のゴルファーに向いている。

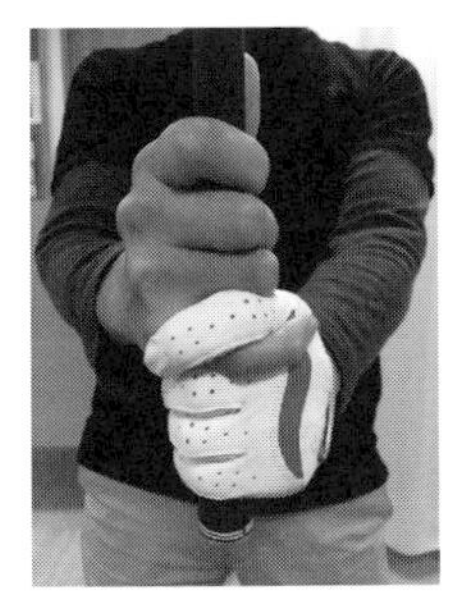

インターロッキンググリップ

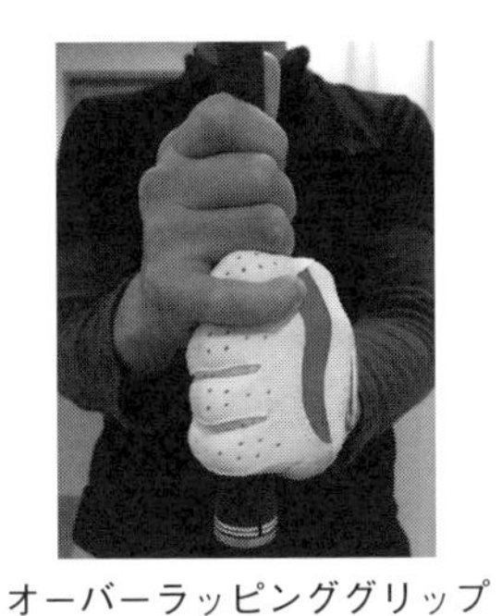

オーバーラッピンググリップ

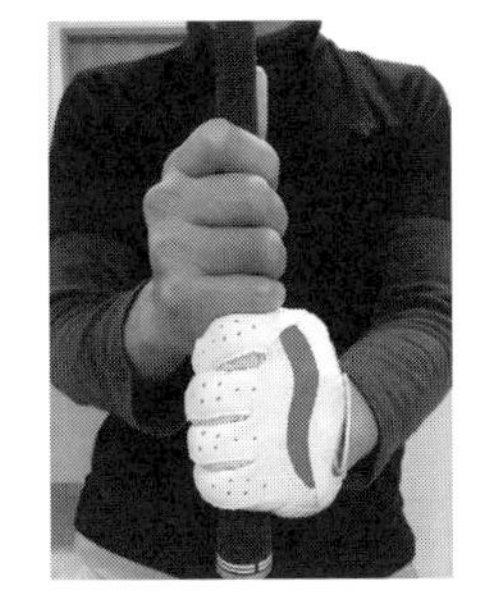

テンフィンガーグリップ

図6　グリップの種類

(2) アドレス

アドレスとは，いわばスイングするための構えのことである。厳密にいえば，ボールのすぐ前，またはすぐ後ろの地面にクラブを接地させたときにそのプレーヤーは，「ボールにアドレスした」ということになる。アドレスはスイングの成否に大きな影響を与えるため，正しい姿勢を身につけることが重要である。

① まず，両足をくっつけて直立し，踵はつけたままにしてつま先をそれぞれ外側に90度開く。

つまり，片方のつま先からもう一方のつま先で180°を形成するのである。からだが硬く，てそこまで開かない人はできるところまで開く。その際，膝を曲げないよう注意すること。そうすると，お尻がキュッと締まるような感覚が生じ，骨盤や背筋が矯正され，歪みのない正しい直立姿勢をつくることができる。この姿勢を，「白樺のポーズ」という。

② ボールを中心に，スタンス(両足の位置)は，肩幅くらいにして膝を伸ばしてまっすぐに立つ。ここで注意する点としては，猫背にならないようしっかりと胸を張ること。

③ 正しい前傾姿勢をつくるためにクラブを背中に当てる。背筋をまっすぐに伸ばし，膝を伸ばした状態で，足の付け根の股関節から前傾することに注意する。

④ 膝を軽く曲げたら前傾姿勢の完成となる。正しい前傾姿勢ができていれば，重心は自然と両足の拇指球にくる。

⑤ 両腕を下に垂らし，グリップを握る。このとき，通常腕を垂らせば地面と垂直になるが，前傾姿勢をとっているため自然と少しボール寄りの角度となる。この自然な傾きのままグリップしてアドレスする。

その際，手の位置は左太ももの内側に置くことでハンドファースト（という理想の形がとれる。

⑥ 最後に注意すべきは顎である。ボールを見るあまりどうしても顎が下がってしまいがちになるが，そうすると背筋は曲がってしまう。

そのため，顎は少しだけ上げる。

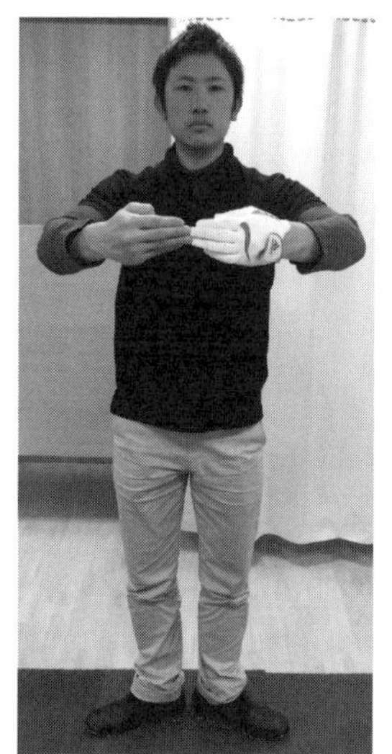
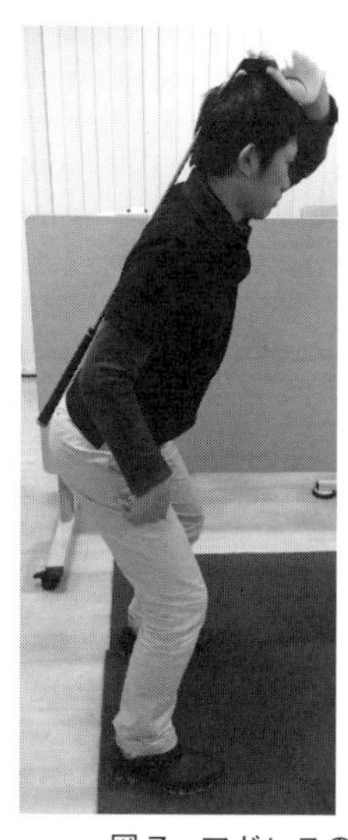
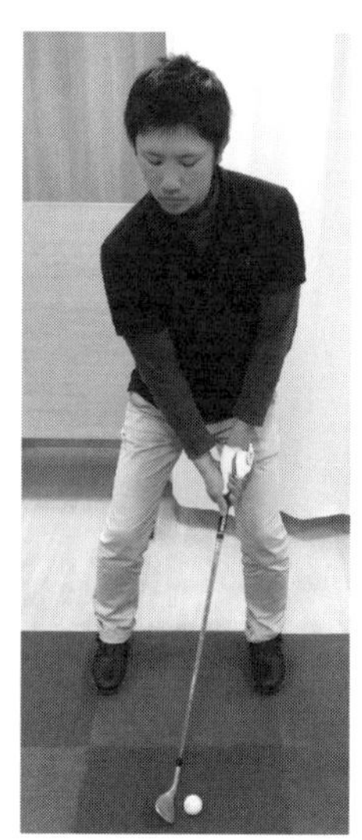

図7　アドレスの正しい姿勢づくり

(3) スイング

スイングの構成は大きく分けて,「バックスイング」「トップと切り返し」「ダウンスイング」「インパクト」「フォロースルー」となる。ここで説明を容易にするために,時計の時間で方向を示すこととする。スイングを正対する位置で見たときの頭の方向を0時,足の方向を6時,打球方向を3時,打球方向とは反対方向を9時として考える。

<バックスイング>

アドレスした状態から始まるため,始点は6時の位置となる。このときに,肩,肘,手首を伸ばした状態で形成された三角形を崩さないよう時計の針を9時の方向まで上げていく。その過程の8時頃になる辺りからコック(両手首を曲げて角度をつけること)して,クラブヘッドのみ3時間分程先の方向を指すようにする。そうすることでトップに到達する頃,腕は11～0時,クラブヘッドは2～3時の方向を指すようになる。注意点としては,へその穴をボールの方向に向けるよう意識すること。そうすることで,手の動きにつられて腰を捻らないようにすることができる。また,左肘は曲げない点についても注意が必要である。ここが曲がってしまっていると,後のダウンスイングで軌道が安定しなくなってしまう。

図8 バックスイング

<トップと切り返し>

クラブヘッドが最上点に達し,ダウンスイングへと向かうこの切り返しの瞬間は,あっという間の出来事であり,いわばスイッチと捉えてもらいたい。コックしてバックスイングしたクラブを,このスイッチをもって一気に下ろしていくのである。飛距離を伸ばそうとして無理に切り返し地点を伸ばそうとしても簡単に飛距離は伸びるものではない。むしろバランスが崩れ,ミスショットにつながる可能性のほうが高くなるので注意が必要である。

図9 トップと切り返し

<ダウンスイング>

ダウンスイングでは左足を軸として，膝，腰，上体，肩，腕，手，クラブという順番にボールにエネルギーが伝わっていく。切り返しが起こってダウンスイングをしていくと，腕が9時方向まで下りてきているのに，まだクラブヘッドは11時方向を指しているなんてことがある。これは間違いなんかではなく，物理的に生じる現象である。しかし，このままではボールをインパクトすることができないため，曲げていた手首を一気に返す(リストターン)。そうすることで重いクラブヘッドは一気に加速し，スイングスピードがグンと上がる。

図10　ダウンスイング

<インパクト>

ダウンスイングの最中にリストターンをすることでスイングスピードが上がり，ボールにインパクトする。ただし，注意点としてはインパクトのためにスイングをするのではなく，スイングの過程でインパクトをするという意識をもつことが重要である。インパクトを意識しすぎるとボールを当てにいってしまい，スイングが崩れてしまう。

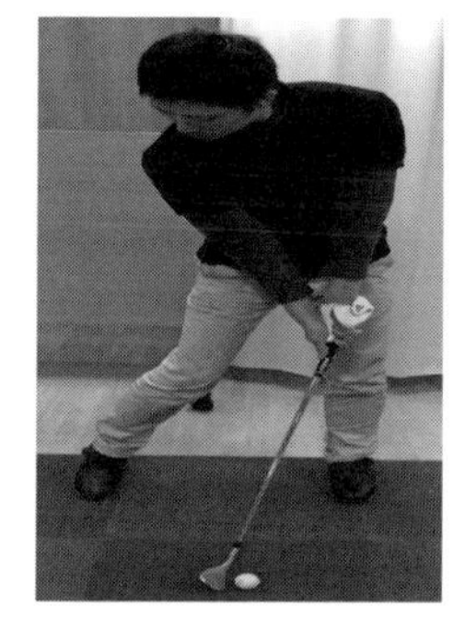

図11　インパクト

<フォロースルー>

ここで重要なのは，ボールを追いかけるように顔の向きを変えないことである。フォロースルーは，打った後のことだから打球とは関係ないと考えるのは大きな間違いで，すぐに顔の向きが変わってしまうということは，ダウンスイングおよびインパクトの際にもそのような顔の動きにつられたからだの動きが生じてしまうため，ミスショットが発生するのである。

ただし，ずっと顔の向きをボールがあった場所に残しておけということでもない。インパクト直後まで顔の向きを保てていれば，むしろ後は回転しようとする自然の力に任せてボール方向を見上げるように顔の向きも変えていく。そうすることで自然なフィニッシュへとつながるのである。

図12　フォロースルー

<フィニッシュ>

一言でいえば，ナイスショットのフィニッシュは，とても格好がよい。理想的な形は左足に体重が乗り切っており，左足一本でもバランスよく立っていられるというものである。体は左に回りきっているので胸は目標方向を向き，クラブシャフトは首に巻き付くような形になっている。

図13　フィニッシュ

(4) 球　筋

スイングは人によって千差万別であり，また初心者の打球と熟練者の打球も異なるため，さまざまな球筋でボールは飛んでいく。初心者の場合はまず基本的なストレートボールを飛ばすことを意識して取り組むべきではあるが，上達していくにつれ，それまでミスショットとして認識していた他のショットも，コースによって使い分けができるように習得いくことも重要なのである。

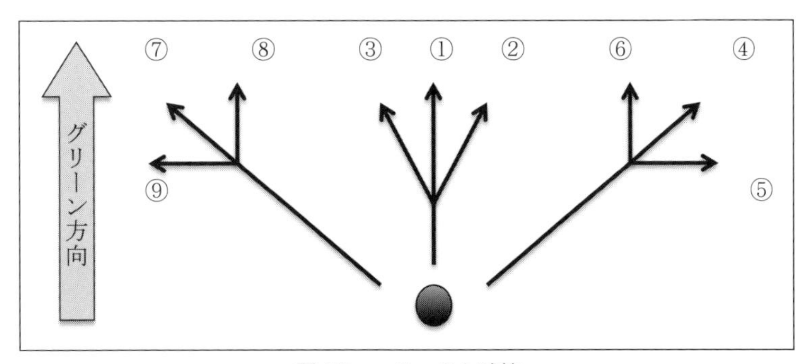

図12　いろいろな球筋

番　号	球　筋	スイング軌道	フェイスの向き
①	ストレート	インサイドイン	スクウェア
②	フェードボール		オープン
③	ドローボール		クローズ
④	プッシュ	インサイドアウト	スクウェア
⑤	プッシュスライス		オープン
⑥	プッシュフック		クローズ
⑦	プル	アウトサイドイン	スクウェア
⑧	プルスライス		オープン
⑨	プルフック		クローズ

5　ルール

ゴルフは，「どれだけ少ないスコアでラウンド（設定された順番でプレーする18ホールのこと）することができるか」を競い合うスポーツである。このスコアは，①ボールを打った数（空振りの場合も含む）と②ペナルティにより加えられる罰打の数の合計で計算される。その際，プレイヤーは，各ホールのスコアを専用の記録用紙（スコアカード）に記録しながらプレーする。

以下に，ゴルフをプレーするにあたり最低限必要なルールを列挙する。

＜ストローク＞

ストロークとは，クラブでボールを打つ１打そのものである。つまりわかりやすくいえば，ボールを打つ意思を持ってアドレスからバックスイングを経てボールをインパクトし，フォロースルーを経てフィニッシュする一連の流れによる１打そのものである。そのため，打つ意思のない素振りはストロークにはならない。

仮に，プレーヤーのクラブがインパクトの後にボールとクラブが接触し，偶発的に２回以上当たった場合であっても，１回のストロークとされる。一方でストロークにおける注意点は，プレーヤーはストロークの際，バックスイングをせずに球を押し出したり，掻き寄せたり，すくい上げてはならない。

＜空振りをしてしまった場合＞

打つ意思をもってスイングしたものの，クラブはボールにインパクトすることなく空振りしてしまった場合，罰打はつかないものの，１ストロークとしてカウントされる。そのため，第１打目に空振りした場合，同じ場所から第２打目となる。

＜空振りした影響でティーからボールが落ちた場合＞

第１打目のティーショットにおいて，打つ意思をmpってストロークした結果の空振りは，プレーとしてみなされる。そのため，プレーの結果，落ちたボールとなるため，本来ボールを拾い上げることはできないことから，ペナルティが発生する（１打罰）。このような場合には，落下したボールを第２打目として打つ。

＜OB（アウトオブバウンス）＞

各ホールにおいて，規定の場所から打ったボールが外に出てしまった場合，ペナルティが発生する（１打罰）。仮に第１打目で打ったボールがOBとなってしまった場合，ペナルティが加わり，同一地点から第３打目として打つこととなる。一方で，第２打目以降で打ったボールがOBとなってしまった場合には，同様にペナルティが発生する（１打罰）ところまでは同様であるものの，再度打つ場所は，OBとなったボールを打った場所の近くであり，かつ，グリーン上のホールに近づかないところにボールを落としてプレーを再開する。

なお，コースによってはローカルルールが設定されており，第１打目にOBを打ってしまった場合，前進４打地点に進み，第４打目としてその地点からプレーを再開することがある。

<バンカー内での注意点>

バンカーに入ったボールを打つ際，クラブで砂に触れるとペナルティが発生（２打罰）する。

<グリーン上での注意点>

基本的にゴルフはあるがままの状態でプレーするため，インプレーになったボールはホール（穴）に入れるまで触ることができない。しかし，ホールのあるグリーンにボールが乗った場合，マークをすることでボールを拾い上げることができるが，マークをせずにボールを拾い上げた場合，ペナルティが発生する（１打罰）。

<アンカリング>

アンカリングとは，クラブを固定することを表す。2019年のルール改正により，クラブをお腹や胸に接触させて固定することが禁止された。

<アドバイス>

ラウンド中のプレイヤーは，競技に参加していてコースでプレーしている人にアドバイスを与えることは禁止されている。

６ 用 語

用　語	解　説
キャディー	プレーの間，プレーヤーのクラブを運んだり，プレーについて助言する人のこと。プレーヤーはこのキャディーからのみアドバイスを受けることができる
サドンデス	規定のホールで勝負が決まらない場合に，1ホールごとに決着がつくまでプレーする方法
暫定球	ショット後のボールがOBやロストボールのおそれがある場合，暫定的に打てる球。ボールが見つからなかったとき，前打地点に戻る時間のロスを解消するのが目的
ショートホール	パー3のホールのこと。女子では193メートル未満で，男子は230メートル未満
ミドルホール	基準打数4ホールのコースのこと。男子は230～430メートル，女子は193～366メートルのホール

スルーザグリーン	プレーしているホールのティーグラウンドとグリーン，ハザード以外のすべてのコース区域，すなわちフェアウェイとラフのこと
ティーインググラウンド	前方2個のティーマーカーと後方2個のクラブレングスの長方形のエリア
ティーマーカー	そこがティーインググラウンドの区域であるという目印になる標示物のこと
ディボット	アイアンショットなどで削り取られた芝生のこと。元に戻すのがマナー
ヤーデージポスト	グリーンまでの距離の目安になる杭や樹木のこと。ヤード杭。通常100ヤード，150ヤード，200ヤードという単位で設置される
ラ　イ	ボールのある地点周辺の芝や地形の状況・状態のこと
レギュラーティー	一般男性用ティーインググラウンドのこと。なお，バックティーはコースの正式ティー。フロントティーはシニア，レディースティーは女性向け
ロングホール	基準打数5ホールのこと(和製英語)。男子の場合431メートル以上，女子の場合は367～526メートルのホール。海外では，「パー5ホール」という
アウトサイドイン	バックスイング時にはクラブヘッドが飛球線より外側にあり，ダウンスイングで内側に入るスイング軌道のことでスライスボールが出やすい。初心者に多く見られる
アプローチ	グリーン周辺からホールを狙って打つショットのこと。ピッチショット，ピッチエンドラン，ランニングショットの3つの打ち方がある
インサイドアウト	バックスイング時にはクラブヘッドが飛球線より内側にあり，ダウンスイングで外側に抜けていくスイング軌道のこと。このスイングでは，フェースが開いていればボールはプッシュアウトとなり，閉じていればフックボールとなる
オープンスタンス	両足のつま先を結ぶ直線が，飛球線より左方向に開いているスタンスのとり方のこと。右足が前に出て，下半身が目標の方を向く
キャリー	ボールを打ってから地面に落ちるまでの飛球距離のこと
クローズドスタンス	両足のつま先を結ぶ直線が，飛球線とクロスになるスタンスのとり方のこと。左足が前に出て，下半身が目標と反対を向く
シャンク	ショットのときクラブヘッドとシャフト接合部分で打ってしまい，ボールが右に飛び出すこと
ショート	グリーンやカップに届かないミスショットのこと
スウェイ	スイングのときに腰の位置が左右にずれてしまうこと
スクエアスタンス	両足のつま先を結ぶ直線が，飛球線と平行になるスタンスのとり方のこと
ストローク	ボールを打つ意思をもってクラブを前に動かすこと。空振りは，打つ意思があった場合はストローク。素振りがボールに当たった場合はストロークではない

ダウンブロー	クラブヘッドがスイング軌道の最下点に到達する前にボールを捉える打ち方。アイアンに適した打ち方
タップイン	ホール近くに止まったボールを，パターで軽くたたいてホールアウトさせること
ダフる	ボールの手前の地面をたたいてしまうミスショットのこと
チップショット	ウェッジやショートアイアンで転がすアプローチショットのこと
テンプラ	クラブヘッドの上に当たり，ボールが高く上がってしまうミスショットのこと
トップ	ボールの上っ面をたたいてしまうミスショットのこと
バンカーショット	ボールをバンカーから打つショットのこと(和製英語)
ハンドファースト	アドレスのとき，グリップがボールよりも前(目標方向)に出た構え方
ピッチエンドラン	ボールをある程度打ち上げ，グリーンに落ちてから転がして，ピンに寄せるショット
ヘッドスピード	インパクト直前のクラブヘッドの速度。ヘッドスピードが速いほうが飛距離は出る
ランニングアプローチ	ボールを転がしてピンそばまで運ぶアプローチの技術
ワッグル	アドレスのあと，バックスイングに入るまでの間に行う準備動作のこと
ラ　ン	ボールが着地して転がること
クラブヘッド	ゴルフクラブのシャフトの先についている，ボールを打つ部分のこと
クラブレングス	クラブの長さのこと
シャフト	クラブの柄の部分
ディンプル	ボールの表面に刻まれた小さなへこみのこと
ボール	ゴルフボールの規格は，直径 4.11cm より大きく，45.93g より軽い
マーキング	クラブフェースに刻まれた溝のこと

グランドスラム	プロゴルフ界の4大大会である，マスターズ，全米オープン，全英オープン，全米プロ選手権を全部優勝すること
グロス	スコアからハンディキャップを引く前の数字のこと。ハンディキャップを引いた後の数字は，「ネット」とよぶ
コースレート	JGA が測定したコースの難易度を示したもの。パー(72)より数字が大きければ難易度は高く，小さければ難易度は低い
誤　球	自分のボール以外のボール，またはすでにインプレーでなくなったボールを打つこと。ストロークプレーでは2打罰，マッチプレーではそのホール負けとなる
コンペ	「コンペティション」の略で競技会のこと
シングル	ハンディキャップが1～9までの1桁の人のこと
スウィートスポット	クラブヘッドの重心点のこと。ボールがいちばんよく飛ぶ部分。「芯」ともいう
ストロークプレー	決められたコースの総打数(グロススコア)や総打数からハンディキャップを引いた数(ネットスコア)で勝敗を決めるゲームのこと。最もスコアの低い人が優勝となる
ティーアップ	ホールの1打目でボールをティーにのせること。正しくは，「ティーイング」という
ティーショット	ティーインググラウンドから打つ，そのホールの第1打のこと
ドロップ	ウォーターハザードや修理地にボールが入った場合などに，ルールに基づいて拾い上げ，決められた地点に落とすこと
ネット	18ホールの総打数(グロス)のスコアからハンディキャップを引いたスコア
ハーフ	18ホールのうち，インまたはアウトの9ホールのこと
パ　ス	後続の組を先に行かせること
ハンディキャップ	プレーヤーの優劣を公平にするため弱者に与えられるサービスストロークのこと
ビギナー	初心者のこと
ビジター	会員制のコースで，会員の紹介などでプレーする会員以外の人のこと。「ゲスト」ともいう
ピックアップ	ボールを拾い上げること
ピッチマーク	グリーンやフェアウェイにボールが落下してできるへこみのこと

フォアー	打球事故を防ぐため，前方のプレーヤーに注意を呼びかける伝統的なかけ声
フルセット	ドライバーからパターまで，いろいろ組み合わせられた14本のクラブのセットのこと
プレース	規則に従ってボールを置くこと
紛失球	ボールがなくなること。ボールがラフや林に入って5分以上経過しても見つからないとき，ボールが自分のものと識別できないときは，「紛失球」となる
ペナルティ	規則に反したときに与えられる「罰打」のこと
ホール	グリーンにあけられた穴のこと。または，ティーグラウンドからグリーンまでのことをいい，「○番ホール」というように使われる
マークする	グリーン上など，ボールを拾い上げる必要があるときに，ボールのあった場所に目印を置くこと
ヤーデージ	ヤード(Yard)の単位で表したコースやホールなどの距離のこと。ゴルフでは距離の単位として一般的に用いられる。1ヤードは，約0.914メートル
リプレース	ボールを元の位置に置くこと。なお，ボールを取り替えたときは元の位置に置いても，「プレース」となる
ローカルルール	本規則とは別に，ゴルフ場やコースごとに決められているルールのこと。ローカルルールは本規則に優先する

7 グラウンドゴルフ

生涯スポーツの必要性が叫ばれるなか，実は着々とその認知度を高めているスポーツがある。それが，グラウンドゴルフである。このスポーツはゴルフをアレンジしてつくられたスポーツで，ゴルフ場に行かなくても，近くの公園や河川敷など，ある程度広い場所であれば気軽に楽しむことができる。1982年に鳥取県泊村教育委員会（現・湯梨浜町）が国の生涯スポーツ推進事業を受け，高齢者にふさわしい新しいスポーツを提示することを目的に開発したものである。

グラウンドゴルフで使用する用具は，「クラブ」「ボール」「ホールポスト（ゴルフでいう『ホール』）」「スタートマット（ゴルフでいう『ティー』）」しかない。これらがあれば，後は場所を見つけて自分たちでコースを設定し，プレーすることができる。また，ルールは基本的にゴルフに準じているため，老若男女を問わず気軽に楽しむことができる。かつて高齢者の人気スポーツであったゲートボールのような場所やルールの制約がない分，人気が高まってきている。

引用・参考文献

石川洽行(2001)：ゴルフの歴史　A HISTORY OF GOLF，㈱エムシーアール
久保田誠一(2004)：日本のゴルフ100年，日本経済新聞社
眞中謙治(2013)：スイングが激変する！グリップ・レッスン，㈱パーゴルフ
松尾好員(2011)：松尾好員のスコアが変わる！クラブ選びの基礎知識，㈱パーゴルフ
竹林隆光(2008)：ゴルフクラブの真実，㈱学習研究社
森守洋(2011)：インパクトから考えるとゴルフは急に上手くなる！，㈱青春出版
梁田義秋(2010)：Sweet Golf，㈱ギャップ・ジャパン
永井延宏(2008)：超ウェッジワーク，㈱青春出版
72ヴィジョンGOLF編集部(2010)：72で回るためのアイアンショット磨き，㈱ベースボール・マガジン社
72ヴィジョンGOLF編集部(2010)：72で回るためのアプローチ技術，㈱ベースボール・マガジン社
白石豊(2013)：夢をかなえるコツ，水王舎
朝井正教(2011)：「よくわかる！グラウンド・ゴルフ　基本」㈱ベースボール・マガジン社
朝井正教(2011)：「うまくなる！グラウンド・ゴルフ　技術」㈱ベースボール・マガジン社
(公財)日本ゴルフ協会(2019)：『ゴルフ規則　2019年1月施行』

7章　SOFTBALL

担当：中野浩一

1　小　史

ソフトボールは，過去に“indoor baseball”とよばれていたように，アメリカで野球から派生した室内用の球技であった。投手は下手から投げ，柔らかく大きめのボールを細いバットで打つため，飛距離が出ないなど，狭い場所でも安全で手軽に行えるよう，ルールに工夫が施されている。その後，“kitten ball”や“play ground ball”など，類似した球技が派生するが，1930年代に“softball”という名称で統一され，“Amateur Softball Association”が組織された。

日本の場合，明治初期に紹介された野球は，投手が下手から投げ，打者の要求する所へ投げなければならず，今日のレクリエーションにおけるソフトボールに近いものだった。しかし，速球や変化球など，高度な投球術がアメリカから紹介されるにつれ，打つことを楽しむゲームから，打者を討ちとるゲームへと変化していく。

日本でソフトボールが普及するのは大正時代に入ってからである。1919(大正8)年には『正式インドアーベースボール規定』（伊東卓夫編）が出版されている。本書では，日本への紹介が「大正五年の頃で，基督教青年会同盟体育部主事フランクリン，エッチ，ブラウン氏が神戸の青年会で体育部員に教えたのが最初」と述べられている。こうした局地的な受容の他に，文部省（今日の文部科学省）から体育研究のために欧米へ派遣された大谷武一は，帰国後，雑誌『体育と競技』（1巻5号，1922年）で「簡易野球（インドアーベースボールの別名）」と称してその普及をよびかけている。1926（大正15）年5月，大谷の関与で改正された「学校体操教授要目」（今日の「学習指導要領体育編」）には，「プレーグラウンドボール」（play ground ball）という，「簡易野球」に似た球技が採用され，全国の学校へ導入されることとなる。

アジア・太平洋戦争後には，アメリカ主導による占領政策の下，軍国主義的教材が削除され，それに代わる民主主義教育の一環としてスポーツ教材が重視される。その教材の一つに「ソフトボール」が取り上げられ，1949（昭和24）年には，「日本ソフトボール協会」が全国軟式野球連盟から独立し，今日に至っている。

2　基本的なルール

(1)　野球と共通するルール

ソフトボールは，オフィシャル・ルールブックが100ページを超すように，一から覚えるのが困難なほど，詳細にルール規定がなされている。しかし，日本では野球が普及しているためか，授業で行う場合，さほど困難を感じることなく，ゲームが進行していく。野球に関心のない人，もしくは野球の普及していない国からの留学生でも，他の人がプレーしている姿を見ると，バットを握るとき，右手と左手が上下逆になることはあっても，一般的に次の点を理解するようになる。

① ホームベース上で適度な高さ（「ストライク」）に投球されたら，３球以内に打つ。

＊「ストライクゾーン」は，日本ソフトボール協会の公式ルールによると，高さが「打者の脇の下と膝頭の上部の間」，横幅と奥行が「本塁の上方」にある空間

② ストライク以外（「ボール」）は打たなくてもよく，その投球が４球あれば（「フォアボール」），安全に一塁へ行ける。

③ ホームベースから左右に引かれた線の内側に打球が入れば（「フェア」），打球が地面に付く前に捕球（「ノーバウンドキャッチ」）されない限り，一塁 → 二塁 → 三塁 → ホームベースの順で走る。

④ その線の外側に打球が入れば（「ファール」），ノーバウンドキャッチされない限り，何度でも打ちなおせる。したがって，三振になることはない。

しかし，次の２点（⑤と⑥）については，必ず説明しておく必要がある。

⑤ 走者をアウトにする場合，「タッチアウト」と「フォースアウト」の２種類がある。

「タッチアウト」は，守備側がボールを持った手で，ベース上にいない走者に触れること（タッチ）で得られる。

「フォースアウト」は，例えば，打者は必ず一塁を目指さなければならないため，打者走者が一塁へ到達する前に，一塁ベースにボールを触れることで，打者走者に触れなくても強制的（フォース）にアウトとなる。一塁走者の場合も，打者走者が一塁へ走ってくるので，一塁から押し出される形で二塁へ向かわなければならず，二塁ベースにボールを触れることでフォースアウトとなる。

ただし，走者が二塁だけの場合などは，三塁へ向かったとしても，押し出される形で進むわけではいので，二塁へ戻れる。このため，フォースアウトは成立せず，タッチアウトにしなければならない。

⑥ 野球やソフトボールは，基本的に打球が地面に触れなければ走ることができない。その証拠に，フライやライナーをノーバウンドキャッチされた場合，走者は元にいたベースへ戻らなければならない。つまり，打球をノーバウンドキャッチできないと思ったら，地面につく前に走ってもかまわないが，そのとき，守備側がファインプレー（好捕）によりノーバウンドキャッチした場合，元のベースへ戻る必要がある。

ただし，ノーバウンドキャッチされた後（もしくは，捕れなかったとき，グローブに当たった後）には，元のベースからスタートする場合に限り，先のベースへ走ってもかまわない（「タッチアップ」）。このタッチアップを利用し，得点するという作戦も考えられる。例えば，三塁に走者がいる場合，ホームベースから遠くなるようにフライを打てば，捕球後にホームベースへ送球するまで時間がかかる。この時間を利用し，三塁走者は，捕球を三塁ベース上で待ってからでも，ホームベースへ到達できる。

(2) ソフトボール特有のルール

① ボールとバット

ボールには革製の「硬式」とゴム製の「軟式」がある点は野球と同様だが，周囲の長さが異なる。硬式ボールは国際試合などの公式ゲームで，また，軟式ボールは，体育の授業や体力テストのソフトボール投げで用いられる。

1号球（周囲約26.7，小学校低学年用，体力テストで用いられる）

2号球（周囲約28.6，小学生用）

3号球（周囲約30.5，中学生以上用，国際大会の12インチ球と同じ大きさ）

バットにもボールサイズに合わせて，1～3号がある。

ただし，1号と2号バットは1号球と2号球のどちらで用いてもかまわない。

② 競技場のサイズ（単位は メートル）

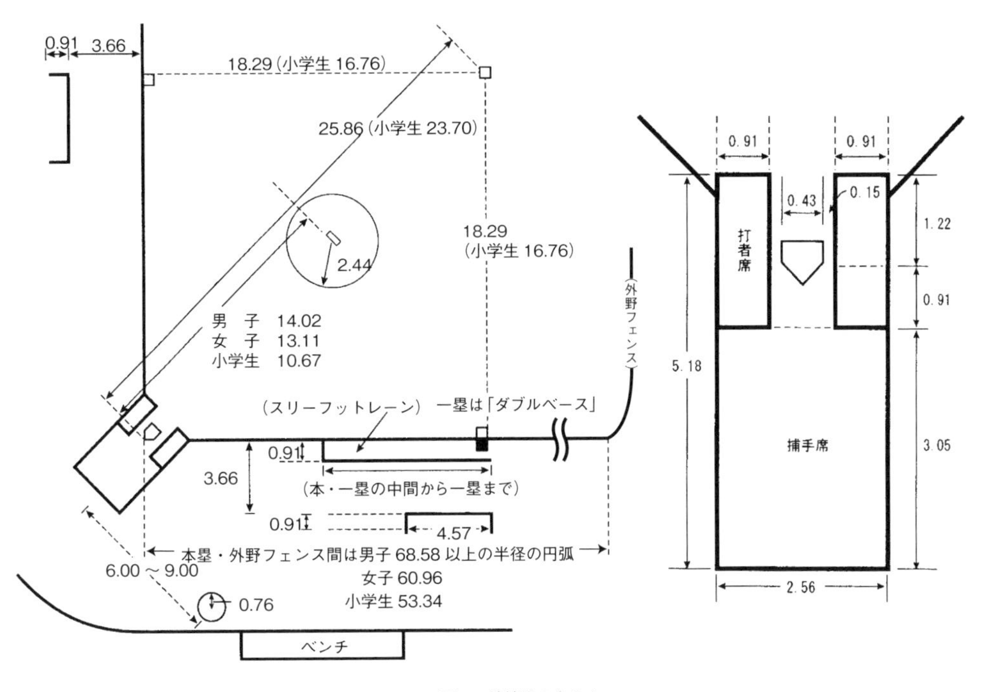

図1 競技場の大きさ

③ 投手の投げ方（アンダーハンド・モーション）

下手投げで，ボールを手から離すとき，手と手首が体側線を通らなければならない。また，手は腰の下にあって，手首は肘よりもからだから遠くなってはいけない。

④ ダブルベース（一塁ベースのみ）

ソフトボールは野球よりも塁間が短いので，一塁ベース上で打者走者と守備側との交錯が多い。この危険を防止するため，一塁ベースに限り，２色の長方形のベースを用いる。打者走者はファウル側のオレンジベース，守備側はフェア側の白ベースを使用。オレンジベースの場合，踏んだ後に駆け抜けることが可能で，走者になったときは白ベースを守備側と共有する。

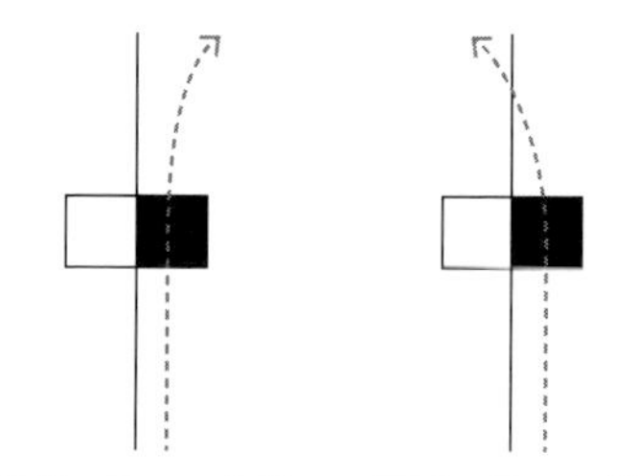
図２　ファール側　　図３　フェア側

駆け抜けた際，ファール側（図２）へ走ればタッチアウトにならないが，フェア側（図３）へ走ると二塁への進塁意志があったとみなされ，タッチアウトの対象となる。

長打（ロングヒット）のときや二塁をうかがう場合，打者走者は白ベースを踏んでもよいが，その後，オレンジベースは使用できない。

打者走者が白ベースを踏んで一塁手と交錯した場合，守備妨害でアウトとなる。

⑤　**リードの禁止**（離塁アウト）

投手が投球した際，走者は手からボールが離れる前に離塁するとアウトとなる。

⑥　**リエントリー**（再出場）

スターティングメンバーは，交代して退いた後に再出場出来る。ただし，再出場は１度だけで，元の打順の選手と交代しなければならない。途中から出場した選手には認められない。

⑦　**タイブレーカー**（延長戦のルール）

ソフトボールの公式試合は７イニングス（野球は９イニングス）で終了するが，この時点で同点の場合，延長戦で適用されるルール。ノーアウト・走者二塁で試合が行われる。二塁走者には前のイニングの最終打者が入る。

⑧　**トーナメント**（ページシステム方式，図４）

- まず，予選を行い，１位～４位を決める。
- 図４のように１位～４位を配置する。
- 予選１位と２位の対戦では，勝者は（D）に進み，敗者は（C）に進む。
- 予選３位と４位の対戦では，勝者は（C）に進み，敗者は４位が確定する。
- （A）の敗者と（B）の勝者が対戦し，勝者は（D）に進み，敗者は３位が確定する。
- （A）の勝者と（C）の勝者が対戦し，勝者の１位と敗者の２位が確定する。

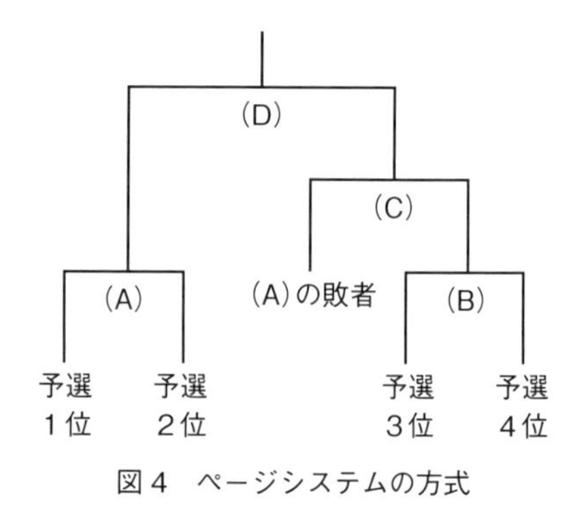

図４　ページシステムの方式

⑨　**その他**

- 走者がタイムをかけずにヘルメットを脱いだらアウトとなる。
- ピッチャーズプレートのあるサークル（図１）で，ピッチャーがボールを保持したら，走者はそれ以上，進塁できない。

3　基本練習

(1)　キャッチボール

グローブは，先端を上に，手の甲を自分側に向け，前腕を斜めにして必ず胸の前で構える。

ボールがきた際，へそより高い場合はグローブの先端を上に，低い場合は先端を下にして捕球する。へそと同じ高さの場合はしゃがんで捕球する。

野球やソフトボールの場合，肩や肘の傷害が多い。この予防には，軽めでも，入念なキャッチボールから始めることが欠かせない。また，キャッチボールは，その様子でチームが強いか弱いかの判断ができるほど，上手・下手が明確に現れる基本技術でもある。

授業の場合，この技術の向上で，より高度な試合展開となり，互いが楽しめるゲームとなる。この「傷害予防」と「楽しめるゲーム」を目指し，授業では必ずキャッチボールを行うが，以下のように，ランニングを兼ねたり，チーム単位で行うキャッチボールも試みる。

①　ランニングキャッチボール

守備は，ほとんどの場合，動きながら行うことが多い。特に初心者は，フライやライナーを追うとき，目元がぶれることにより，ボールがゆれて見え，捕球が困難に感じられる。このため，ランニングを伴う捕球練習が欠かせない。

- 塁間で，捕球者と送球者に分かれ，捕球者はまず，送球者に向かって走る。
- 送球者は，中間以上に近づいた捕球者に向かい，フライやライナーを送球する。
- 捕球者は，それをキャッチし，送球者へ返球後，スタート地点へ戻るように走る。
- 送球者は，背を向けた捕球者へフライを送球し，背走キャッチの練習をさせる。
- 背走キャッチした捕球者は，その直後から送球者となり，役割を交代して繰り返す。

②　円陣キャッチボール

守備においては，送球者が誰で，また，捕球者が準備できているかなど，素早い判断が必要となる。特に外野手から内野手への連係時に，この判断が欠かせない。この連係につなげる予備練習として，円陣によるキャッチボールを行う。

- 5名で円陣を組む（図5）。

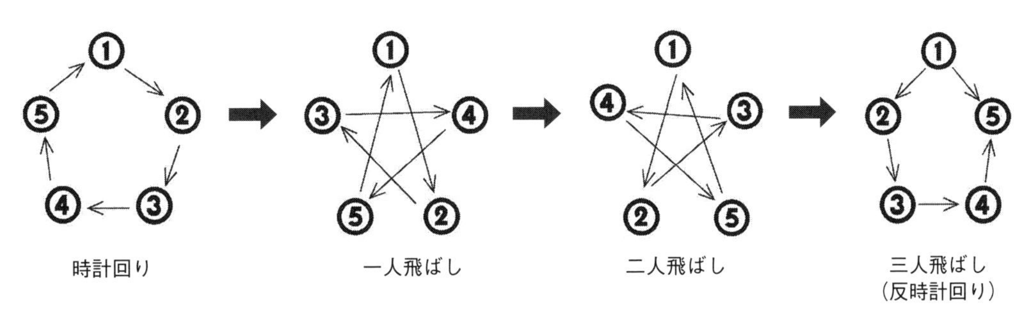

図5　円陣キャッチボール

※偶数の場合，半数の同じ人にしかボールが渡らない。6名など，偶数の場合は，5人目と6人目を1名と考え，送球後に入れ替わるようにする。

●ボールは1個以上を用い，最初，時計回りなど，隣へ送球する。
●次に，合図に基づき，一人飛ばし，二人飛ばし，三人飛ばしと行う。
●三人飛ばしをすると，自然と逆方向への一人飛ばしとなるので，そのまま逆方向への二人飛ばし，三人飛ばしと行わせる。
●投げる側は素早い送球を心がける。
●受ける側は投げる側が分かりやすいよう，手を上げるなど，アピールする。

(2) 守　備

ゴロを捕球するときは，グラブをからだの前で低い位置にする必要がある。このため，からだが硬かったり，足腰が弱い場合，エラーをする確率が高くなる。また，捕球時に手のひらが上を向いた状態（図6）では，グラブからボールが上方へはね，捕球しづらい。そこで，捕球時には，手のひらを下方へ向ける（図7）とグラブにボールが収まる。ゴロは，待って捕球すると遅くなり，走者をアウトにできないので，地面にバウンドした直後のショートバウンドを狙って前進する。

図6　手のひらが上を向いた状態

図7　手のひらを下方へ向けた状態

① **個人ノック**

守備位置を特定せず，一列に並べたり，扇状に並べて行うノック

普通，ノックを行う場合，ノック者の他，返球を受けとる捕手を付けて行うが，この場合，捕手は守備練習に加われない。そこで，授業では，ノック者が左手にグローブをはめたまま（右利きの場合），片手でノックし，捕手を兼用する方法について練習する。

② **全体ノック**（「シートノック」）

守備位置を試合同様に特定し，ゲームに近い形で行うノック

守備位置で役割が異なるため，守備範囲や送球や相互のカバーリング（特にエラーした際）など，実戦的な練習を行う。

試合前の場合，グランドの状況（硬軟など）を確認させるため，最初はワンバウンドで送球させるチームもある。また，自信をもたせるよう，もしくは不安を感じさせないよう配慮されたノック（例えば簡単なもの）が必要となる。

(3) バッティング

飛ばそうと思って力を入れるほど，からだにしなりがなくなり，飛ばなくなる。上手な人は，足の末端からバットの先端まで力を増幅していくよう，必要な部分だけに力が込められている。

飛ばすためには，最初，リラックスすることが大切であり，具体的には，膝を軽く曲げ，手首を柔らかく保ち，右手に傘を持つ（右打席の場合）ような姿勢を心がける。また，バットの先端が最短距離でボールに向かっていくスイングが必要となる。

① **トスバッティング**

スイング時のバットコントロールを練習する方法

投手にゆるいボールを投げてもらい，その投球をワンバウンドで投手へ正確に打ち返す。最初は守備者を扇形に配置して行う。上手な人は，相違する守備者へ順番に打ち返す。

② **打球方向指定バッティング**

外野守備を兼ねた練習。特にセンターに設けた目印２つの間を狙って打撃する。

レフトやライトなどへ打った打球は，終了後，打撃者がとりにいく。

③ **シートバッティング**

シートノック同様，守備位置を試合同様に特定し，ゲームに近い形で行うバッティング

4 ゲームの進行方法

ソフトボールには基本的に２種類の競技方法がある。「ファストピッチ・ソフトボール」と「スローピッチ・ソフトボール」である。

(1) ファストピッチルール

オリンピックで採用されていたルール，もしくは日本ソフトボール協会を中心に日本で一般的に採用されているルール。投手が剛速球や変化球を駆使し，打者を封じるソフトボール

腕を振り子のように使う「スリングショット投法」もあるが，腕を風車のように1回転させる「ウィンドミル投法」が一般的

(2) スローピッチルール

アメリカでは一般的だが，日本では，主にファストピッチルールで行われているため，馴染みの少ないルール。投手が山なりの緩いボールを投げ，バントや盗塁が禁止されるなど，打撃を楽しむレクリエーション的要素が高い。今日，日本ソフトボール協会でもルールを規定しているが，その規定にこだわらず，チーム編成に制限を設けなかったり，走れない打者のために代走者を設けたり，スライディングやホームベース上のクロスプレーが禁止されるなど，初心者や障がい者も楽しめるよう，ルールに工夫の施された試合も行われている。

特徴的なルールの例を以下に示す。

① 守備は外野手1人を加えた10人で行うのを基本とする。

② ウインドミル投法は禁止。ストライクゾーンに向かって投手は山なり（頂点が日本ソフトボール協会のルールでは1.5m ～ 3.0mの高さ）に投球しなければならない。このため，緩い投球しかストライクにできない。

③ 球審がストライクやボールの宣告をするごとに試合は中断される。したがって，ワイルドピッチ（投手の暴投），パスボール（捕手の後逸）でも走者は次の塁へ進むことができない。

④ デッドボールはなし

⑤ 2ストライク後のファウルは三振扱いでアウト

⑥ バントや盗塁は禁止

⑦ チョップヒット（ボールを地面にたたきつけるように，バットを上方から地面に向かってたてに振る打ち方）は禁止

(3) 授業上の注意点と特殊ルール

けが防止のため，次の点を禁止する。

① 遠投の禁止…思わぬ方向へボールが行った際，衝撃が大きく危険なため

② 硬式ボール（皮製のボール）の使用禁止…グローブが軟式ボール（ゴム製のボール）専用なので，ボールを止めきれず，危険なため

③ 初心者の内野守備（ピッチャーやキャッチャーを含む）の禁止

④ 用具への八つ当たり（グローブ，ヘルメット，バットなど）の禁止

⑤ こまめな水分補給を行う。ペットボトルを持参してもよいが，球場外で飲むこと

授業では，特殊ルールとして，以下の点を加える場合もある。

① 投手は打たせることを基本に投球する。このルールを徹底するため，球審を次の打者の役割とし，フォアボール（四球）は無しとする。その代わり，フォアボール後の投球は，それまでのストライク数をゼロに戻す。

② 球審は，ストライクやアウトの場合，全員がわかりやすいように手をあげる。また，球審のジャッジ（判定）は，全員で尊重する。ただし，球審がジャッジに迷った場合，全員が協力し，話し合いなどで決める。

③ 投手と本塁との距離は，普通の歩幅で約18歩である。しかし，この距離に関しては，各投手が力量に応じて適当に決める。塁間の距離は，普通の歩幅で23歩とする。

④ 投手は１イニング交代とし，同じ人が再び投手をできない。

⑤ チームのメンバーが９人以上でも，全員が守備につく。メンバーが足りない場合は，そのままの人数で行うか，もしくは守備のときに相手側から借りて行う。

⑥ ３アウトでなくても，打順が一巡したら，そのイニングは終了とする。

⑦　ファウルボールは，最初のイニングの場合，打順最後尾の３人でとりにいく（ファウル係）。次のイニングからは，前のイニングでアウトした３人が担当する。

⑧　初心者は，塁に出る経験を増やすため，三振しても一塁ランナーとなる。さらに，走塁時にアウトになっても塁上に残る。ただし，アウト・カウントは数える。ヒットなどでホームインした場合は得点に数える。第３アウト（スリーアウト目）の場合，ランナーになれずに終わるので，次のイニングではノーアウト１塁から開始する。

⑨　授業時間の都合上，イニングの途中でも試合終了のホイッスルを鳴らす。しかし，すぐにやめるのではなく，その時の打者（ラストバッター）が打撃を終了するまで行ってから，片付けを行う。

5　その他のソフトボール型ゲーム

（1）3匹の猫（three old cats）

“baseball”の起源といわれているゲームの一つ。現在でも両チームで18人そろわない場合に利用でき，全員が全ての守備位置を体験できる利点がある。

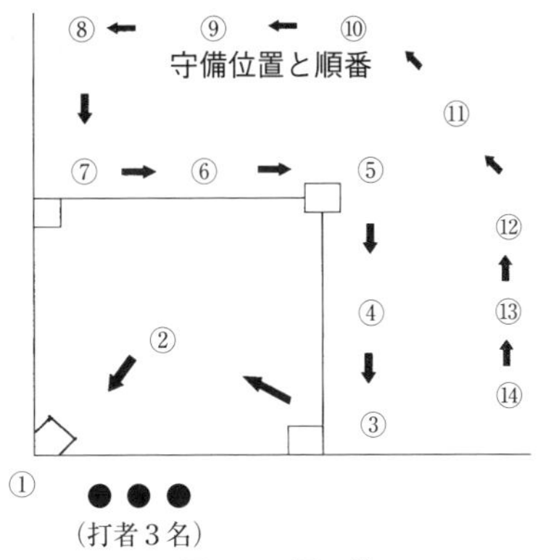

図８　３匹の猫

①　打者３人を決め，３人が順番に打つ。打者はアウトにならない限り，何度でも打てる。

②　打者以外の人は順番を決めて守備に付く。

③　アウトをとったら守備が番号順に打者となる。空いた守備位置は番号順に詰める（図８）。

④　アウトとなった打者は，最後尾の守備位置に入る（図８の場合，⑭）。

⑤　打者３人とも出塁し，満塁になると，次の打者がいなくなる。この場合三塁走者はアウトとなる。つまり，打者・走者はどの塁で止まってもよいが，自分の打席順がまわってくるまでにホームへ帰っていなければアウトとなる。

⑥　自分が何回ホームに帰ってきたかをチーム全員と競い，勝敗を決める。

（2）グランドソフトボール

視覚障がい者によるソフトボール。しかし，アイマスク（図９，アイシェード）を付ければ，誰でも参加ができる。

図９　アイシェード

①　守備は10人で，アイマスクを付けた「全盲プレイヤー」を４名以上，その他を「弱視プレイヤー」とする。

②　投手と左右どちらかの遊撃手一人は全盲プレイヤー，捕手は弱視プレイヤーとする。

③　ベースは守備と走者との接触を防ぐため，守備用（塁間18m）と走塁用（塁間22m）

の２か所を設置。走塁用の各ベースには「コーチズボックス」を設ける。

④　投手板を中心に半径1.5mの円を描き，試合停止圏を作る。この停止圏にボールを運ぶとボールデットとなり走者は進塁できず，守備側もアウトにできなくなる。

⑤　ゴロの打球でも，弱視プレイヤーが触れる前に，全盲プレイヤーが捕球するとフライなどをノーバウンドで捕球したと見なされる。また，一度取り逃がしても，再度捕球するか，他の全盲プレイヤーが捕球すればノーバウンド捕球とみなされる。したがって，外野にゴロが抜けたとしても，ノーバウンド捕球となる場合があり，注意が必要となる。

ただし，打った瞬間に全盲プレイヤーのポジション名，もしくは名前を一言だけ言うことはできるが，連呼や方向指示は認められない。

⑥　外野のノープレーエリアに直接打球が入るとホームラン，ワンバウンドで入ると３塁打，ゴロなど，ツーバウンド以上で入ると２塁打となる。

⑦　ボールは，ハンドボール3号球（直径約20㎝）で，全日本グランドソフトボール連盟の公認マークのあるものを使用する（図10）。

⑧　投手は，捕手の拍手による合図を聞いた後，ボールを下手投げか横手投げで転がす。

図10　公認球

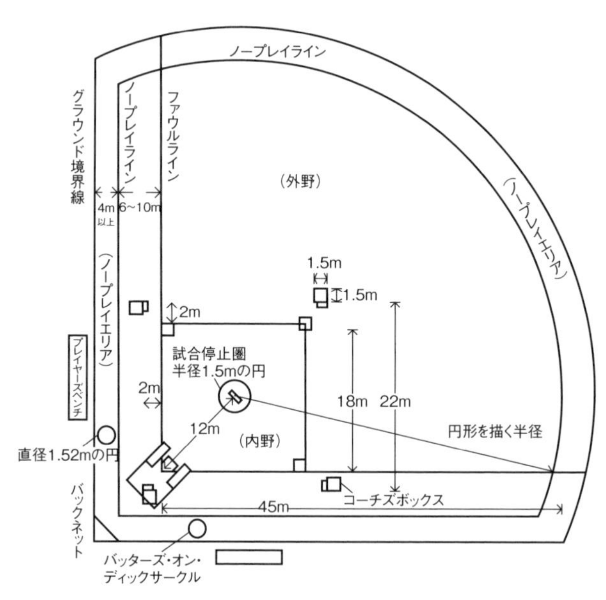

図11　競技場の大きさ

(3) T(ティー)・ボール

ティー(図12)とよばれる専用のポールにボールを載せ，ゴルフのように静止したボールを打つ，投手のいないソフトボール。打者が打った後，スローピッチルールに準じて行う。

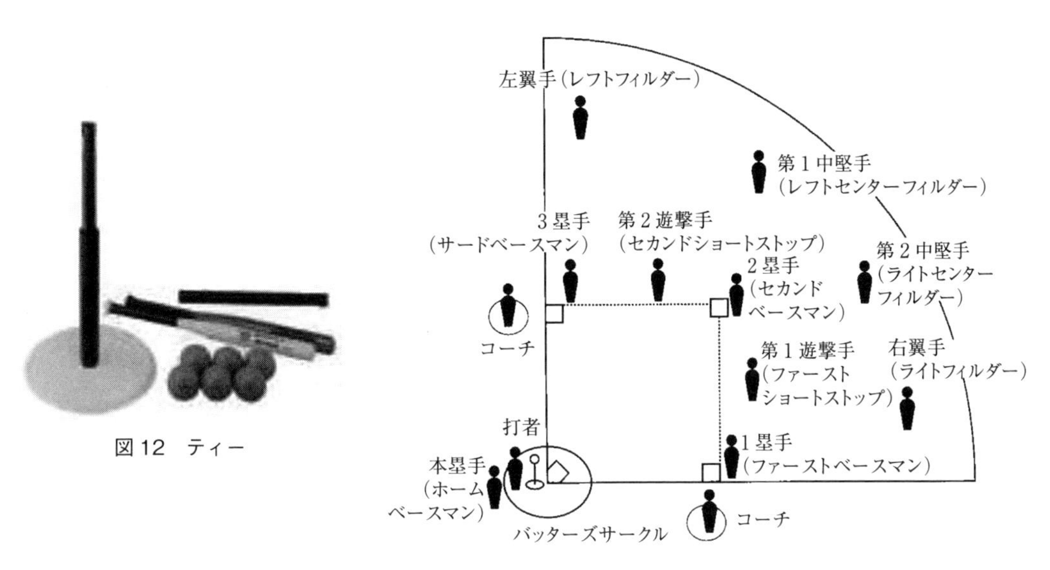

図12 ティー

図13 T・ボールの守備位置

参考文献

伊東卓夫編(1919)：正式インドアーベースボール規定，美満津商店
大谷武一(1922)：簡易野球，『体育と競技』1巻5号，目黒書店
吉村正(2002)：わかりやすいソフトボールのルール，成美堂
丸山克俊監修(2008)：明るく！楽しく！元気に！　今日から始める簡単ソフトボール，三省堂
利根川勇(2008)：ぐんぐんうまくなる！ソフトボール，ベースボール・マガジン社
日本障害者スポーツ協会編(2008)：全国障害者スポーツ大会競技規則集，日本障害者スポーツ協会
日本ソフトボール協会編(2009)：2009 オフィシャル・ソフトボール・ルール，日本ソフトボール協会
宇津木妙子監修(2009)：DVD"努力は裏切らない"CATCH　THE　DREAM，UNITIKA MATE CO. LTD.

8章　BASKETBALL

担当：野﨑真代

1　バスケットボールの歴史

（1）バスケットボールの誕生と普及

バスケットボールは，1891年冬，アメリカ東部マサチューセッツ州スプリングフィールドの国際YMCAトレーニングスクール（現在のスプリングフィールド大学）でJ・ネイスミスによって考案された。

1870年代末ごろからのアメリカでは，人気スポーツといえば陸上競技とアメリカンフットボールであった。しかし，スプリングフィールドの雪深い冬にはそれらの競技は行うことができず，冬季の屋内種目といえばもっぱら体操と行進であった。学生たちは旧来体操中心の身体の鍛練よりも，スポーツの喜びや楽しさを求めていた。そこで，国際YMCAトレーニングスクールの科長 L・H・ギューリックは，ネイスミスに屋内で行える新しいスポーツの提案を求めた。ネイスミスは，サッカーやラクロス，子どものころにやっていた「岩の上の鴨」（Duck on the roc）という遊びをもとに試行錯誤を繰り返し，13条のルールを考えだした。また，ボールはサッカーボールを使用し，身近にあった桃の収穫用の籠をゴールに使うことにした。名称については，籠とボールを使用することからバスケットボール（Basketball）と名付けられた。

世界で初めてバスケットボールのゲームがプレーされたのは，1891年12月21日，国際YMCAトレーニングスクールの体育館であった。そのプレーヤーのなかには唯一の日本人である，石川源三郎という人物がいた。バスケットボールは登場から間もなく，全米のYMCAで行われるようになり各地へ普及していった。普及・発展が進むなかで何度もルール改定がなされ，用具も変化したことで，より万人が楽しく安全に行えるスポーツとなった。しかし，リングの「高さ」だけは，現在でも初めてゲームが行われたときの高さ10フィート（3,05m）のままである。女子では，1893年にエール大学で研修会が行われバスケットボールが紹介された。その後，女子用にルールが修正され各地に普及した。その後，バスケットボールはアメリカだけにとどまらず，各国のYMCAに紹介され世界中で愛されるスポーツとなっていった。日本にバスケットボールを伝えたのは，国際YMCAトレーニングスクールで学んで帰国した大森兵蔵であった。

1932年に国際バスケットボール連盟（FIBA）が誕生すると，1936年のオリンピック・ベルリン大会から正式種目（男子）となった。 女子バスケットボールは，1976年のモントリオール大会から実施種目となった。1992年バルセロナ大会で，アメリカはNBAのドリームチームを送りこみ，パワフルで華麗な技の数々を世界に披露することとなった。そのドリームチームの中には，マイケル・ジョーダン，マジック・ジョンソン，ラリー・バードなど多くのスター選手が含まれていた。日本は，男子は1956年メルボルン大会，1960年ローマ大会，1964年東京大会，1972年ミュンヘン大会，1976年モントリオール大会と参加した。しかし，それ以降オリンピックへの参加は遠ざかっている。女子は1976年のモントリオール大会に出場したが，その後，1996年アトランタ大会まで遠ざかり，ようやく2004年のアテネ大会で３度目の出場を果たした。

(2) 日本代表のオリンピックとワールドカップ

2014 年，日本バスケットボール協会(JBA)は FIBA により資格停止処分を受け，すべてのカテゴリの日本代表が国際試合に出場できなくなった。FIBA は，バスケットボールの普及･強化の観点から「JBA のガバナンスの強化」，「男子トップリーグの２リーグの統合(男子トップリーグは，NBL と bj リーグの２つのリーグがある)」，「日本代表の強化体制の確立」を JBA に求めてきたが，JBA はその課題を解決することができなかった。そのため，2016 年リオデジャネイロ大会出場のためのアジア予選を兼ねたアジア選手権への出場が危ぶまれた。特に女子は，2013 年のアジア選手権で，予選リーグから決勝まで全勝し，22 大会 43 年ぶり２回目の優勝(MVP は渡嘉敷来夢)を果たしていた。そのため，リオデジャネイロ大会出場に期待が寄せられており，JBA の資格停止処分は非常に厳しいものであった。

その後，FIBA は「JAPAN 2024 TASKFORCE」を設立し，JBA の組織改革を行った。新体制には，日本サッカー協会最高顧問の川淵三郎が就任し，2016 − 17 年シーズンより新リーグ(JPBL)の発足が決定した。

2015 年８月に制裁は解除され，男女日本代表は，８～９月のアジア選手権(オリンピック予選)に出場することが可能となった。アジア選手権では，男子日本代表は 1997 年以来，18 年ぶりとなるベスト４進出を果たし(オリンピック出場資格は優勝国のみ)，2016 年７月の FIBA 男子オリンピック世界最終予選への切符を獲得した。世界最終予選は，出場 18 か国を３つのグループ（開催国ごと）に分け，さらにその６か国を２グループに分けて行われ，各グループで１回戦総当たりの予選ラウンドを行った。予選ラウンドの各グループ上位２チームが決勝ラウンドに進出し，各会場（開催国ごと）の１位，計３か国がオリンピック出場権を獲得した。日本男子代表は，セルビア・ベオグラード会場でグループＢに入り，予選ラウンドでチェコ，ラトビアと対戦したが，２連敗となりオリンピック・リオデジャネイロ大会への出場は叶わなかった。女子日本代表はアジア選手権において，予選リーグから決勝まで全勝し，決勝では開催国の中国を圧倒して２連覇を達成した(MVP は渡嘉敷来夢)。この結果により，３大会ぶりとなるオリンピック・リオデジャネイロ大会出場を決めた。

2016 年８月に開催されたオリンピック・リオデジャネイロ大会での女子バスケットボール競技は，出場 12 か国が６チームずつ２つのグループ（A，B）に分かれ，１回戦総当り戦を行った。各グループ上位４チーム，計８チームが準々決勝に進出した。

＜女子 組み合わせ＞

グループ　A：フランス，日本，ブラジル，オーストラリア，ベラルーシ，トルコ

グループ　B：カナダ，スペイン，アメリカ，セネガル，セルビア，中国

女子日本代表は，予選ラウンドグループＡにおいて，格上のフランス，ブラジル，ベラルーシを破り４位（３勝２敗）となり，準々決勝進出を果たした。準々決勝では，本大会の優勝国アメリカと対戦し，善戦したものの 110 － 64 というスコアで敗戦し，8 位となった。

〈グループA〉

順位 No.	出場国	オーストラリア	フランス	トルコ	日本	ベラルーシ	ブラジル	POINT				SCORE			
								PI	W	L	CP	For	Ag	+/－	GA
1	AUS		○ 89－71	○ 61－56	○ 92－86	○ 74－66	○ 84－66	5	5	0	10	400	345	55	1.16
2	FRA	● 71－89		○ 55－39	● 71－79	○ 73－72	○ 74－64	5	3	2	8	344	343	1	1.00
3	TUR	● 56－61	● 39－55		○ 76－62	○ 74－71	○ 79－76	5	3	2	8	324	325	-1	1.00
4	JPN	● 86－92	○ 79－71	● 62－76		○ 77－73	○ 82－66	5	3	2	8	386	378	8	1.02
5	BLR	● 66－74	● 72－73	● 71－74	● 73－77		○ 65－63	5	1	4	6	347	361	-14	0.96
6	BRA	● 66－84	● 64－74	● 76－79	● 66－82	● 63－65		5	0	5	5	335	384	－49	0.87

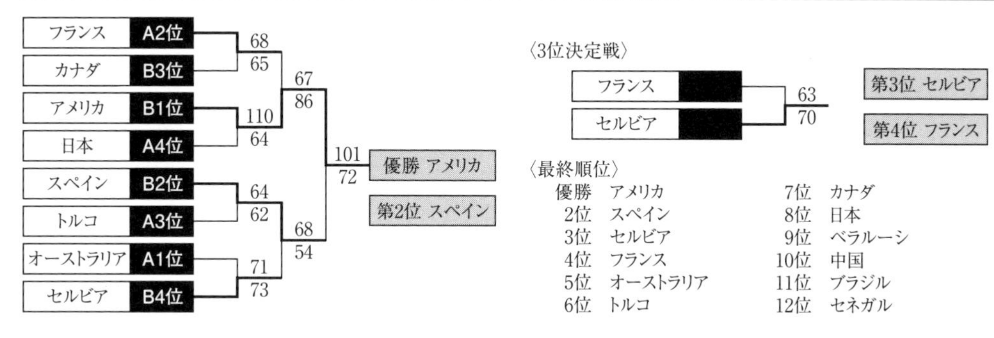

2017 年 7 月に開催されたアジアカップ（旧アジア選手権）に出場した女子日本代表は決勝に進出し，オーストラリアに 74 － 73 で勝利し大会 3 連覇を達成した。この結果，2018年9月に開催されたFIBA女子ワールドカップの出場権を獲得した。FIBA女子ワールドカップでは中国に破れ，ベスト 8 進出はならなかった。男子日本代表は，2019 年に開催されたFIBA ワールドカップの出場権をかけてアジア地区二次予選を戦った。田臥勇太（2004 年に NBA 出場）以来の NBA プレーヤーとなった渡邊雄太やゴンザガ大へ留学し NCAA に出場している八村塁(後に，NBA ドラフト 1 巡目指名を受けウィザーズへ入団)，B リーグで活躍しているニック・ファジーカス（2018 年に帰化）が日本代表に合流し FIBA ワールドカップ出場を決めた。前回出場したのは，自国開催だった 13 年前で予選を勝ち抜いての FIBA ワールドカップ自力出場は，21 年ぶりだった。

また，2019 年 3 月の FIBA 理事会にて，2020 年オリンピック東京大会のバスケットボール競技における開催国枠について，5 人制では男女とも日本代表の出場が承認された。低迷が続いた男子では 1976 年モントリオール大会以来の 44 年ぶり，女子はリオデジャネイロ大会に続いて 2 大会連続の出場となる。

東京大会から採用される 3 人制については，男子にのみ開催国枠が承認され，女子は 2020 年 3 月に開催されるオリンピック予選に出場することとなった。

2019年9月に開催されたFIBAワールドカップでは，男子日本代表は，アメリカ，チェコ，トルコと対戦し，善戦したものの全敗となり1次ラウンド敗退となった。11月に開催されたアジアカップに出場した女子日本代表は，決勝で中国に71-68で勝利し大会4連覇を達成した（MVPは本橋菜子）。

男女ともにオリンピックでの活躍が期待される。

2　コートと用具

＜コート＞（図1）

コートは，障害物のない長方形の平面とする。

コートの大きさは，境界線の内側で測って縦28m，横15mとする。

＜バック・コート＞

バック・コートとは，自チームのバスケットの後ろのエンド・ラインからセンター・ラインの遠いほうの縁までのコートの部分をいい，自チームのバスケットと，バックボードの裏以外の部分を含む。

＜フロント・コート＞

フロント・コートとは，相手チームのバスケットの後ろのエンド・ラインからセンター・ラインの近いほうの縁までのコートの部分をいい，相手チームのバスケットと，バックボードの裏以外の部分を含む。

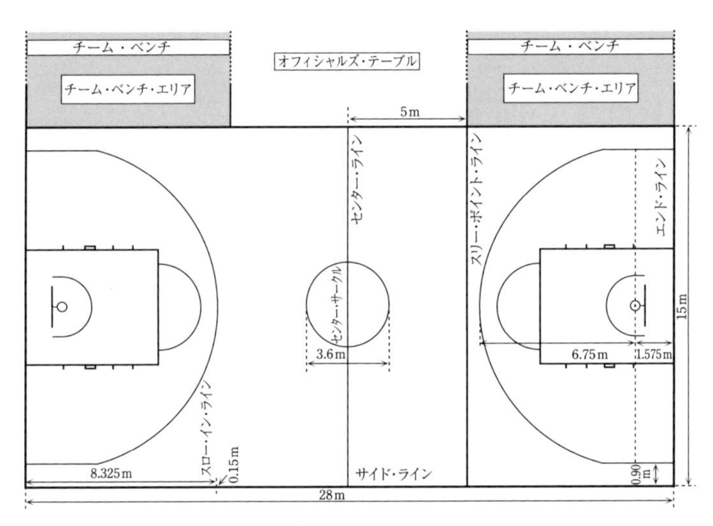

図1　コート

＜コートに関わる用語＞

① **オールコート**　コート全面のこと

② **ハーフコート**　コート半面のこと

③　**制限区域**

ゴール周辺に区切られている区域
コート内の他の区域とは異なった色で塗られていることがあるため，ペイントエリアともよばれる。オフェンス側のプレーヤーはこの区域内に３秒を超えてとどまることはできない（図２）。

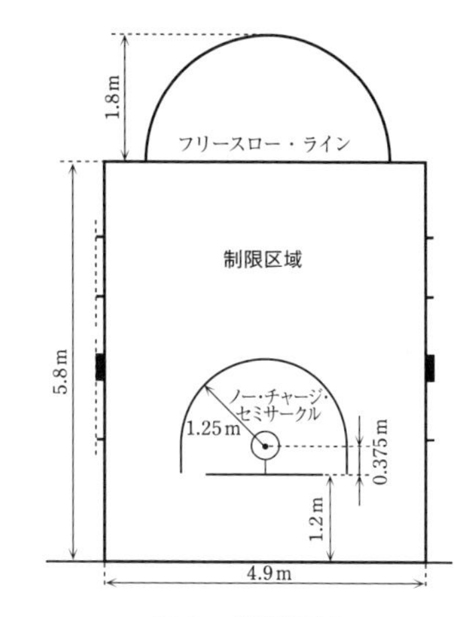

図２　制限区域

④　**ノー・チャージ・セミサークル・エリア**

防御側プレーヤーがノー・チャージ・セミサークル・エリアにいたときは，たとえ触れ合いの責任が攻撃側プレーヤーにあったとしても，その攻撃側プレーヤーにチャージングが宣せられることはない。チャージング以外のファウル については，防御側プレーヤーと同様に攻撃側プレーヤーにも適用される（図２）。

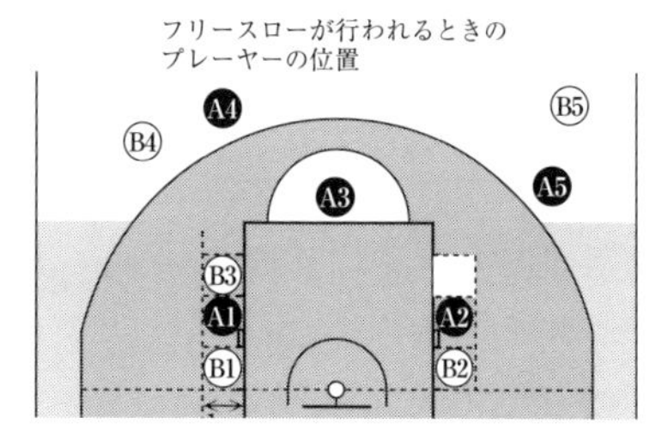

図３　フリースローのときの配置

⑤　**ハイポスト**

制限区域のライン上付近，フリースロー・ライン近くのエリア

⑥　**ミドルポスト**

制限区域のライン上付近，ハイポストとローポストの中間のエリア

⑦　**ローポスト**

制限区域のライン上付近，ゴール（ベースライン）近くのエリア

⑧　**トップ**

３ポイントシュートライン上付近，ゴール（正面）近くのエリア

⑨　**ウィング**

３ポイントシュートライン上付近，ゴールから45度近くのエリア

⑩　**ミドルレンジ**

制限区域から３ポイントシュートラインの内側

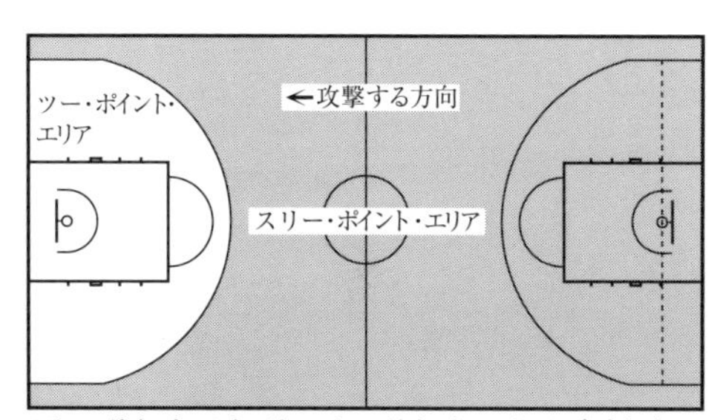

スリー・ポイント・ラインは，スリー・ポイント・エリアに含まれない。

図４　２ポイント・３ポイントエリア

＜用具＞

バックストップ・ユニット（図５）

ボール：男子７号球，女子６号球

ボールには，床からボールの最下点までがおよそ1.80 mの高さからコートに落下させたとき，ボールの最高点が1.20 mから1.40 mの間の高さまではずむように空気を入れる。

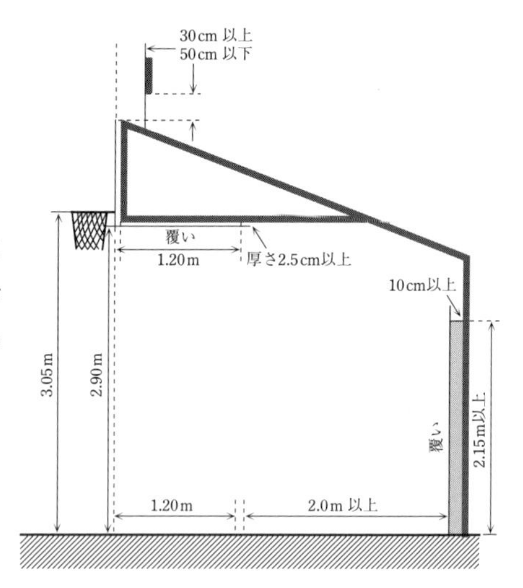

図５　バックストップ・ユニット

３　ポジション

バスケットボールは１チーム５人で行うスポーツである。攻防における役割に応じて，それぞれポジションがある。固定されているわけではないので状況に応じた動きをする必要があるが，バスケットボールをより深く理解するためにその役割を知る必要がある。

＜フォーアウト・ワンイン＞（図6）

アウトサイドでボール回しが行いやすくバランスよく攻められる。

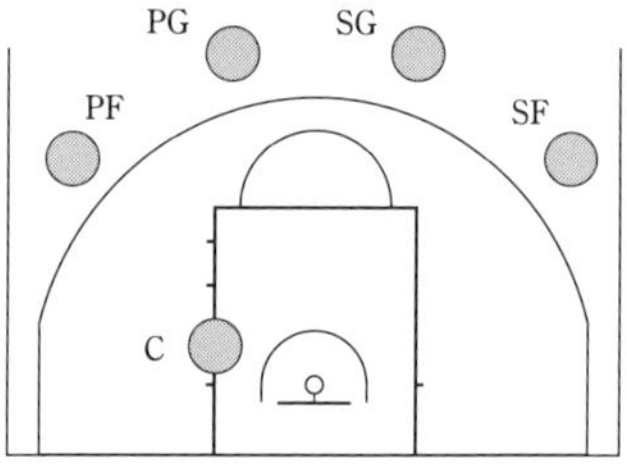

図６　フォーアウト・ワンイン

＜スリーアウト・ツイン＞（図７）

背が高い選手が２人以上いる場合によく用いられインサイドの攻撃を展開しやすい。

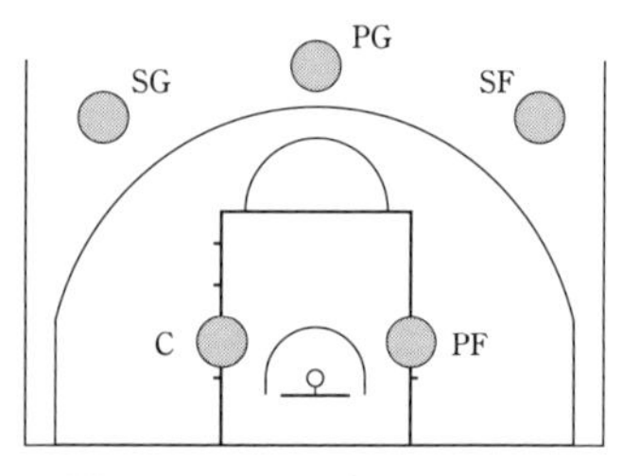

図７　スリーアウト・ツイン

① PG（ポイントガード）

１番：ボールを運び，オフェンスを組み立てる司令塔的な役割を担う。他のポジション以上にドリブルやパスといった基本技術はもちろんのこと，まわりをよく見る広い視野や状況判断力が求められる。

② SG（シューティングガード）

２番：主にアウトサイドからのシュートやゴール下に走りこんでのシュートのように，得点に絡むプレーが要求される。とくに遠い距離からのシュートを決めることができるとよい。

③ SF（スモールフォワード）

３番：SGと同様に，アウトサイドからのシュートやゴール下に走りこんでのシュートなどが要求される。SGよりもややインサイドでのプレーが多く必要とされ，万能型の選手多く担う。

④　PF（パワーフォワード）

4番：インサイドでの得点，リバウンドなどが要求される。ジャンプ力などの運動能力や身体的な強さが求められる。Cがプレーしやすいポジションをとるうまさも必要

⑤　C（センター）

5番：ゴール付近でのプレーをメインとし，インサイドにおけるオフェンスの中心的な役割を担い，背の高さも必要。ゴール下でのシュート力，リバウンド能力が要求される。

4　基本技術

（1）シュート

①　セットシュート

①-[1]

①-[2]

①-[3]

①-[4]

[1]利き足を前にして肩幅程度に足を開き，膝を軽く曲げて重心を落とす。

[2]そのままの姿勢を維持して，ボールを目の上あたりに持ってくる。

[3]上へと全身を連動させながら片手でボールに力を伝える。シュートを打つ方の肘がボールの下にくるようにする。

[4]そのままの流れでボールを離す。バックスピンをかけるように，しっかりとスナップをきかせ，シュート後もしばらくは姿勢を保つ。

②　ジャンプシュート

[1]セットシュートのように膝を曲げて重心を落とす。

②-[1]

②-[2]

②-[3]

②-[4]

[2]上半身はそのままの姿勢で真上に向かってジャンプする。

[3]ジャンプが頂点に達したところでボールを離す。ボールは指先から離すイメージ。

手首のスナップをきかせ，バックスピンをかける。

4基本はもとの位置に着地すること

③　**レイアップシュート**

移動してきた勢いをそのままに，１歩目のステップ。ボールは両手でキープする。２歩目は，より高く跳ぶために力強く踏み込む。

1リングから目を離さず，ボールを高く引き上げる。

2腿をできるだけ高く引き上げる。

③-1

③-2

③-3

③-4

3ジャンプの頂点で，そっと置くようにボールを離す。

4基本はバックボードを使う。

（2）ドリブル

①　**ボールハンドリング**

1しっかりとキープできるように指を開いてボールを持つ。

テンポを保ちながら，手首と指先で軽く押し右手，左手とすぐに渡す。さまざまな態勢でもできるようにする。

2視線は前に向けて視野を広く保つ。目線を落とさない。

①-1

①-2

②　**ツーボールのボールハンドリング**

1利き手でないほうの手では，ドリブルが弱くなりがちだが，同じ強さでつけるようにする。慣れるまでは，左右同じタイミングでドリブルをする。

交互にボールをつけるようにし，慣れたら左右違う高さでもつけるようにする。

動きながら前後に進むなど，変化をつけてドリブルできるようにする。

②-1

③　ドリブルの基本姿勢

1ボールを身体で守るように，ボールをついていない方手は，前に出す（アームプロテクション）。顔をあげて周りをしっかりと見る（フェイスアップ）。すぐに動けるように膝は少し曲げておく。

態勢が崩れないように注意し，どちらの手でも同じように扱えるようにする。

③-1

(3) パ　ス

①　チェストパス

1ボールを自分の胸の位置から相手の胸へめがけてパスを出す。

2ボールにバックスピンをかけながら，どちらかの足をパスを出す方向へ踏み出す。

手首のスナップをきかせてバックスピンをかける。

①-1

①-2

②　サイドハンドパス

目の前にいるディフェンスをよけるため，片足を大きく踏み出して，片手でスナップをきかせる。踏み出す足は状況によって使い分ける。

③　ショルダーパス

遠くにいる味方にパスを出すときに有効。どちらかの足を踏み出し，ボールを肩よりも高い位置に上げ，できるだけ速いモーションでスナップをきかせる。

④　バウンズパス

1パスを出す方向に片足を踏み出し，ボールに回転をかけてバウンドさせる。

2バウンドの目安は，受け手との間隔の３分の２あたりとなる。

④-1

④-2

（4）オフェンス

①　ミートアウト

パスを受けてオフェンスの姿勢に入ることをボールミートという。その中でも，インサイドからアウトサイドに出てきてパスを受けるボールミートをミートアウトという。

1動き始めはゴールに近い位置から

①-1

①-2

①-3

2相手を引き離してアウトサイドへ移動する。

3相手との距離をとりパスを受け，ターンしてからだをゴールに向ける。

②　ボールキープ（ピボット）

1ボールをキープするためには軸足を基点とした動きが重要

2軸足を基点にフリーフットを自在に動かしボールをキープする。

②-1

②-2

②-3

②-4

③　スクリーン

1 2対2のプレーに欠かせないのがスクリーンプレーである。

相手が進もうとしているコースに立ちふさがりディフェンスの動きを遮るプレーのこと。スクリーンを使うときは，ユーザーはスクリーナーのすぐ横を抜けていくことボールがないところでもスクリーンプレーは活用できる。

③-1

（5）ディフェンス

① ディフェンスの基本姿勢

①-[1]

[1]膝を軽く曲げ重心を低く保つ。両手を上げ(ハンズアップ)，すぐに動けるようにスタンスは肩幅より広めに構える。背中を丸めないように注意する。

② ディナイ

②-[1]

[1]ボール保持者の近くにいる相手をマークしている場合，裏をとられないようにしつつ，パスコースを封じる必要がある。その際，パスコースに手をかざすことが重要。このようなディフェンスの姿勢をディナイという。マークマンだけでなくボールも見て確認する。

（6）リバウンド

①-[1]

① ブロックアウト

[1]シュートが放たれたとき，ディフェンスがマークする相手をゴールに近づかせないようにブロックするプレーをブロックアウトという。

相手をゴール下に進入させないようにし，自分がリバウンドをとれるようにからだを密着させる。

② ボースハンドリバウンド

両手でボールの行方を追い，両手でボールをしっかりキープする。

③ ワンハンドリバウンド

片手でとりに行くことでより高い位置でボールに触れることができる。両手でない分，相手に奪われやすい。

5 ルール

（1）チームの構成

競技時間中は，両チーム５人ずつのプレーヤーがコート上でプレーできる。プレーヤーは，交代要員と何度でも交代することができるが，交代は審判が認めたときのみである。プレーヤーが，失格・退場を宣告されるか５回のファウルを宣せられた場合は，それ以後そのゲームに出場することはできない。

（2）競技時間

ゲームは，10分のピリオドを4回行う。第１ピリオドと第２ピリオドを前半，第３ピリオドと第４ピリオドを後半という。

（3）ゲーム，ピリオドの開始

第１ピリオドは，審判のトスアップによりジャンプ・ボールでゲームが開始される。第２ピリオド以降は，スロー・インによってゲームが開始される。そのとき，スロー・インするチームは，前のピリオドが終了したときのオルタネイティング・ポゼション・ルールによって決定される。

（4）オルタネイティング・ポゼション・ルール

オルタネイティング・ポゼション・ルールとは，ゲーム中，ジャンプ・ボールシチュエイション（ヘルド・ボールなど）になったとき，両チームが交互にスロー・インをするゲーム再開方法である。オルタネイティング・ポゼション・ルールによる最初のスロー・インはゲーム開始のジャンプ・ボールに負けたチームからである。

（5）ヴァイオレイション

ヴァイオレイションとは規則に対する違反のうち，からだの触れ合いおよびスポーツマンらしくない行為を含まないものをいう。

①　アウト・オブ・バウンズ

アウト・オブ・バウンズになるのは，主に，プレーヤーおよびボールが，境界線または境界線の外の床などに触れたとき。また，バックボード裏などに触れたとき

②　トラヴェリング

プレーヤーがボールを保持したままの状態で，1）一度離れたピボット・フット（軸足）を再び床につけること。2）フロアに倒れる，横たわる，座る（これらは認められている）といった行為の後にボールを持ったまま転がる，立ち上がること。

動きながらまたはドリブルを終えるときにボールをキャッチしたプレーヤーは，ストップしたりパスやショットをするために，２歩までステップを踏むことができる。ただし，動きながら足がフロアについた状態でボールをコントロールした場合，フロアについている足は０歩目とし，その後２歩までステップを踏むことができる。その場合，１歩目がピボット・フットとなる（いわゆる0ステップのこと）。

攻撃側プレーヤーが持っているボールに，防御側プレーヤーがしっかりと手をかけたとき，ボールを持っているプレーヤーがトラヴェリングの規定をこえて動いてしまった

場合はジャンプ・ボールシチュエイションとする。

攻撃側プレーヤーがボールを持ってジャンプしたとき（ショットの動作も含む），防御側プレーヤーがブロックしようとしてボールに手をかけ，両プレーヤーがボールに手をかけたまま着地した場合は，ジャンプ・ボールシチュエイションとする。

③　イリーガル・ドリブル（ダブル・ドリブル）

プレーヤーがひとつづきのドリブルを終えた後に新たなドリブルを開始すること。また，ドリブルの最中にボールを片手，または両手で支え持つこと。ファンブルはドリブルにならないので，ボールキャッチのときにファンブルして床にボールをついても新たにドリブルを開始できる。

④　3秒ルール

フロント・コート内でボールをコントロールしているチームのプレーヤーは相手チームのバスケットに近い制限区域内に引き続き3秒をこえてとどまってはいけない。

⑤　5秒ルール

ボールを保持し，近接して防御されているプレーヤーは，5秒以内に，パス，ショット，あるいはドリブルをしなければならない。

⑥　8秒ルール

バック・コート内でボールをコントロールしたチームは，8秒以内に，ボールをフロント・コートに進めなければならない。

⑦　24秒ルール

コート内でボールをコントロールしたチームは，24秒以内にショットをしなければならない。24秒の合図が鳴る前にシューターの手からボールが離れていなければならない。そのボールがバスケットに入るかリングに触れると24秒はリセットされる。

防御側チームのファウルやヴァイオレイションにより，攻撃側チームのバック・コートのアウト・オブ・バウンズから，スロー・インが行われる場合，24秒にリセットされる。フロント・コートのアウト・オブ・バウンズから，スロー・インが行われる場合，クロックが残り14秒以上あるときには，リセットせず継続してカウントし，13秒以下のときには，クロックを14秒にリセットし，カウントを再開させる。

攻撃側プレイヤーがショットしボールがリングに触れたとき，攻撃側チームが引き続きボールをコントロール（オフェンスリバウンドを獲得）した場合，クロックは14秒にリセットされる。防御側チームがボールをコントロール（ディフェンスリバウンドを獲得）した場合，クロックは24秒にリセットされる。

⑧　バック・パス

フロント・コートに進められたボールをコントロールしているチームのプレーヤーは，そのボールをバック・コートに返してはならない。

（6）ファウル

ファウルとは規則に対する違反のうち，相手チームのプレーヤーとの間の不当なからだの触れ合いおよび，スポーツマンらしくない行為をいう。相手チームのプレーヤーがショット中にファウルを犯すと相手チームにフリースローが与えられる。プレーヤーに５回のファウルが宣せられたときは，そのプレーヤーは交代し，そのゲームには出場できなくなる。

１チームに各ピリオド４回のチーム・ファウルがあった場合，つぎからファウルを犯すごとに相手チームにフリースローが与えられる。

①　チャージング

チャージングとは，ボールの保持に関わらず，無理に進行して相手チームのプレーヤーの胴体に突き当たったり，押しのけたりする不当なからだの触れ合いのことをいう。

②　ブロッキング

ブロッキングとは，ボールの保持に関わらず，相手チームのプレーヤーの進行を妨げる不当なからだの触れ合いのことをいう。スクリーンをしようと動いているプレーヤーが触れ合いを起こす場合に多くみられる。

③　イリーガル・ユース・オブ・ハンズ

イリーガル・ユース・オブ・ハンズとは，ボールの保持に関わらず，手や腕で相手に触れること（相手をたたくことも含む）や触れていることが相手の自由な動きを妨げることをいう。

④　ホールディング

ホールディングとは，相手チームのプレーヤーを押さえて行動の自由を妨げる不当なからだの触れ合いのことをいう。からだのどの部分を使ってもホールディングとなる。

⑤　プッシング

プッシングとは，ボールの保持に関わらず相手チームのプレーヤーが手やからだで相手を無理に押しのけたり，押して動かそうとする不当なからだの触れ合いのことをいう。

⑥　アンスポーツマンライク・ファウル

アンスポーツマンライク・ファウルとは，規則の精神と目的を逸脱し，ボールに正当にプレーしていないと審判が判断した（触れ合いの動作やその状況から）パーソナル・ファウルのことをいう。

攻撃側プレーヤーとバスケットの間に防御側プレーヤーが１人もいない状況で，相手チームの速攻を止めようとして，防御側プレーヤーが後ろまたは横から触れ合いを起こした場合などにみられる。

⑦　テクニカル・ファウル

テクニカル・ファウルとは，ゲームの規律，協力とフェア・プレーの精神を，著しく，あるいは，故意に逸脱するふるまいのことをいう。プレーヤーだけでなく，コーチや交代要員，チーム関係者についても同様にファウルをとられる。審判の注意や警告を無視する，相手チームのプレーヤーに嫌がらせをするなどという場合にみられる。

（7）フリースロー

ショットの動作中にファウルを受けた場合，ファウルをされたプレーヤーがフリースローを行う。アンスポーツマンライク・ファウルとテクニカル・ファウルの場合はショットの動作中でなくてもフリースローが与えられる。

フリースローのとき，リバウンドプレーヤーの位置は 図3 に示されるように交互に配置されなければならない。このとき，シューターの手からボールが離れる前にリバウンドの位置を離れて，制限区域内に入って入ってはいけない。

6　オフェンス

（1）速　攻

ボールを奪ったらまず速攻を意識すること。トランジション（攻守の切り替え）を速くすることでアウトナンバー(相手よりも味方の数が多い状況）をつくることができる。

速攻の基本は，トランジションの瞬間にウイングマン（先行してサイドライン添いを走る選手）が走り出すことと，ボール運びの選手が速やかにフロント・コートにボールを運び，素早いパス回しでシュートまでもっていくことである。

（2）チームオフェンス

チームオフェンスとは，チームメイトと協力し，チーム全体で得点をすることを目指す攻撃システムのこと。自分の役割（３ポジション参照）を理解し，効果的にスペースを使って攻撃することが重要である。

7　ディフェンス

（1）マンツーマンディフェンス

ディフェンスの基本は，マンツーマンディフェンスである。１対１で相手をマークするディフェンスである。自分がマークしている選手だけをみていればいいのではなく，ボール保持者，ゴールの位置を考えてポジショニングをする必要がある。ボールから離れている場合は二等辺三角形（自分が頂点）を意識したポジション取りをする。

（2）ゾーンディフェンス

ゾーンディフェンスは，オフェンス側の動きに対して陣形をあまり崩さず，エリアを守ることを基本とする。

参考文献

水谷豊(2011)：バスケットボール物語　誕生と発展の系譜，大修館書店

(財)日本バスケットボール協会(2011)：バスケットボール競技規則2011，財団法人日本バスケットボール協会

(財)日本バスケットボール協会(2018)：バスケットボール競技規則2018，財団法人日本バスケットボール協会

小野秀二監修(2009)：考える力を伸ばす！バスケットボール練習メニュー 200，池田書店

伊藤恒監修(2013)：わかりやすいバスケットボールのルール，成美堂出版

(財)日本バスケットボール協会(2015)：2015バスケットボール競技規則，財団法人日本バスケットボール協会

9章　TABLETENNIS

担当：佐久間智央

1　授業のねらい

卓球では，安全な実施方法およびマナーについて学修する。そして，卓球という身体活動を通して，技術の向上や，個々人のリーダーシップ，ダブルスのコンビネーションにおけるチームワークを獲得することを目的とする。

2　卓球の歴史

卓球は1880年代にイングランドで生まれたとされる。イングランドの上流階級のローンテニス愛好者が，雨やどりの間に食堂の食卓でテニスを楽しみ，テーブル上でのテニスということからテーブルテニスとよんだといわれている。1890年代になるとボールをラケットで打つ音から「ピンポン」という名前で親しまれた。1900年には，セルロイド球が導入され，テーブルテニスの人気が広まった。

日本には，1902年に東京高等師範学校（筑波大学の前身）教授・坪井玄道が留学先のロンドンからピンポンセットを持ち帰ったことにより，ピンポンが伝わったとされている。1926年は，卓球が国内外でスポーツとして広く認められた年となる。第1回世界選手権が12月にロンドンで行われ，日本国内では，第3回明治神宮競技大会の正式種目に加えられたからである。1930～40年代は，世界選手権に日本，中国，朝鮮半島両国が参加していなかったため，「ヨーロッパの時代」であった。1952年にインド行われた世界選手権に日本は初めて参加した。結果は，男子シングルス・ダブルス優勝，女子団体・ダブルス優勝という結果であり，不参加であった1953年の世界選手権（中国初参加）を除き，1950年代は日本が複数種目で優勝をする結果となった。1960年代になると，中国が世界選手権において初めて男女1位を取ることとなり，今もなお世界の卓球界を牽引する強さを示している。1988年開催のソウルオリンピックにおいて，正式競技となった。

近年，日本卓球界は大きく変化している。2017年には「一般社団法人Tリーグ」が設立され，日本初となるプロリーグ「Tプレミアリーグ」が2018年10月に開幕し，日本国内から注目される競技の一つとなっている。

3　卓球を安全に実施するために

①　卓球台の準備

- 卓球台の移動および開閉は，卓球台の転倒による怪我等を防ぐために，<u>必ず2人以上で</u>実施する。

② 床およびシューズ

●滑り防止のために，授業前にはシューズの底をきれいにしておく。

●床の水分等で滑らないように，モップ等で清掃しておく。

4 コートについて

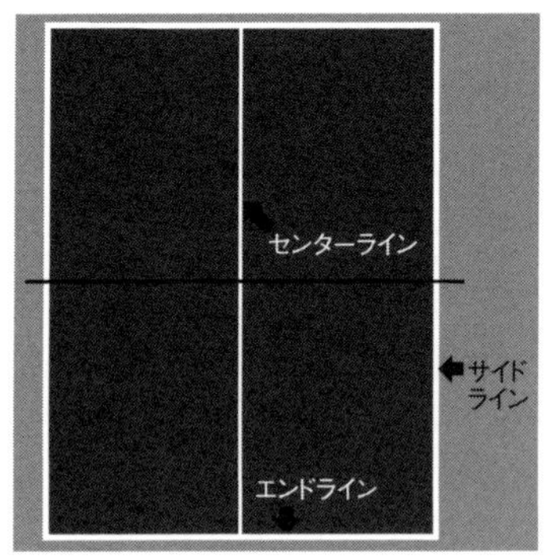

図１ 卓球のコートの名称

5 ラケットについて

① シェークハンド

シェークハンドは，握手をするようにラケットを握る持ち方であり，ラケットの両面を使って打球できることが特徴である（図２）。

② ペンホルダー

ペンホルダーとは，ペンを握るようにラケットを握る持ち方である。シェークハンドとは異なり，通常片面だけで打球を行うことが特徴である（図３）。

図２ シェークハンド

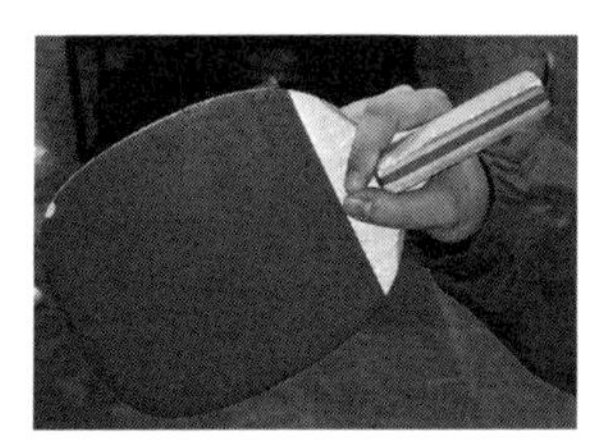

図３ ペンホルダー

6 ストロークについて

ストロークには，利き手側に飛んできたボールを打ち返すフォアハンドストロークと，利き手とは反対側に飛んできたボールを打ち返すバックハンドストロークの2つに分けられる。

※①シェークハンド場合は，フォアハンド，バックハンドそれぞれ違う面でボールを打つ。

②ペンホルダーの場合は，フォアハンド，バックハンドとも同じ面でボールを打つ。

7　ゲームの方法

卓球のサービス順はトスで決定する。トスとはサーブの順序を決めるために行うクジのことである。プロの試合ではコインで表裏を決める，じゃんけんを行い，決めている。コインの表裏をいい当てる，あるいはじゃんけんで勝利することにより，サービスの権利もしくは自分の好きなコートを選択できる。

(1)　ポイントの進み方

11ポイント1ゲームとしてゲームが進められる。0（ゼロ）→1（ワン）→2（ツー）→3（スリー）の順で点数が加算されていく。サーブ権は，2ポイント毎に交替となる。10－10のポイントの際には，デュースとなり，2ポイント差がつくまでそのゲームの決着がつかない。デュースの際には，サーブ権が1ポイント毎に交替となる。

(2)　シングルスゲームの方法

① シングルスゲームとは自分と相手の1対1で行うゲームのことである。
② サーブのエリアおよび方向においては，制限はない。

(3)　ダブルスゲームの方法

① ダブルスゲームとは，2人1組のペアになって，相手ペアと2対2で対戦するゲームのことである。
② ラリーの際は，ペアが必ず交互に打たなければならない。
③ サーブのエリアが決まっており，右半面のサーバー側のコートから，対角のコートに入れなければならない。
④ サーブ権は，シングルス同様2ポイント毎に交替となる。
⑤ サーブの順番は，トスの結果，サーブ権を得たペアでサーブの順番を決める。その際，レシーブとなったペアもレシーブの順番を決めておく。
⑥ 2ポイントごとにサーブを交替の際には，直前のポイントでレシーブを受けた選手が，次のポイントのサーバーとなる。

参考文献
藤井基男(2003)：卓球　知識の泉，卓球王国
公益財団法人日本卓球協会編集(2017)：卓球基礎コーチング教本，大修館書店
宮崎義仁監修(2013)：卓球練習メニュー200 打ち方と戦術の基本，池田書店
宮崎義仁(2017)：身になる練習法卓球宮崎義仁最先端ドリル，ベースボール・マガジン社
大野寿一(2002)：卓球ルール早わかり，卓球王国

体育・スポーツ教本

初版発行	2005年4月10日	11版	2015年4月10日
2版	2006年4月10日	12版	2016年4月10日
3版	2007年4月10日	13版	2017年4月10日
4版	2008年4月10日	14版	2018年4月10日
5版	2009年4月10日	15版	2019年4月10日
6版	2010年4月10日	16版	2020年4月10日
7版	2011年4月10日	17版	2021年4月10日
8版	2012年4月10日	18版	2022年4月10日
9版	2013年4月10日	19版	2023年4月10日
10版	2014年4月10日		

編著者© 日本大学工学部体育学研究室編

発行者 森田 富子
発行所 株式会社 アイ・ケイコーポレーション
東京都葛飾区西新小岩4-37-16
メゾンドールI&K／〒124-0025
Tel 03-5654-3722, 3723 Fax 03-5654-3720

組版・印刷所：モリモト印刷㈱

ISBN978-4-87492-391-7 C3075

レポート用紙

種　目　　　　　　　　　　　　　　　令和　　年　　月　　日

科:　　組:　　学籍番号:　　　　氏名:

切り取り線

レポート用紙

種　目	令和　　年　　月　　日
科:　　組:　　学籍番号:　　氏名:	

切り取り線

レポート用紙

種　目	令和　　年　　月　　日
科:　　組:　　学籍番号:　　氏名:	

切り取り線

レポート用紙

種　目	令和　　年　　月　　日
科:　　組:　　学籍番号:　　氏名:	

切り取り線

レポート用紙

種　目　　　　　　　　　　　　令和　　年　　月　　日

科:　　組:　　学籍番号:　　氏名:

切り取り線

レポート用紙

種　目　　　　　　　　　　　　　　　　令和　　年　　月　　日

科:　　組:　　学籍番号:　　　　氏名:

切り取り線

レポート用紙

種　目　　　　　　　　　　　　令和　　年　　月　　日

科:　　組:　　学籍番号:　　氏名:

切り取り線

レ ポ ー ト 用 紙

種　目　　　　　　　　　　　　　　　　令和　　年　　月　　日

科:　　　組:　　　学籍番号:　　　　　氏名:

切り取り線